ÉTUDES

SUR LES

PREMIERS PRINCIPES

DE LA

SCIENCE ÉCONOMIQUE

PAR

G. FAUVEAU

Ancien élève de l'École polytechnique.

(Extraits du Journal des Économistes.)

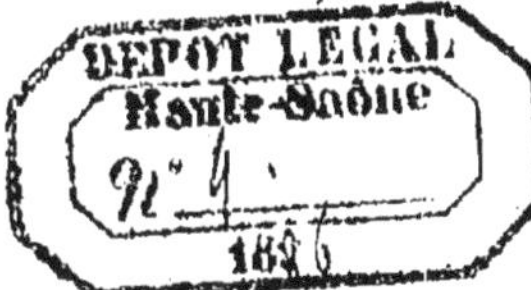

PARIS

GAUTHIER-VILLARS
IMPRIMEUR-LIBRAIRE
du Bureau des Longitudes, de l'École polytechnique,
Succr de MALLET-BACHELIER
QUAI DES GRANDS-AUGUSTINS, 55.

GUILLAUMIN & Cie
LIBRAIRES-ÉDITEURS
du Journal des Économistes,
du Dictionnaire universel du Commerce et de la Navigation,
du Dictionnaire d'Économie politique, etc.
RUE RICHELIEU, 14.

1886

ÉTUDES

SUR LES

PREMIERS PRINCIPES

DE LA

SCIENCE ÉCONOMIQUE

PAR

G. FAUVEAU

Ancien élève de l'École polytechnique.

(Extraits du Journal des Économistes.)

PARIS

GAUTHIER-VILLARS
IMPRIMEUR-LIBRAIRE
du Bureau des Longitudes, de l'École polytechnique,
Succr de MALLET-BACHELIER
QUAI DES GRANDS-AUGUSTINS, 55.

GUILLAUMIN & Cie
LIBRAIRES-ÉDITEURS
du Journal des Économistes,
du Dictionnaire universel du Commerce et de la Navigation,
du Dictionnaire d'Économie politique, etc.
RUE RICHELIEU, 14.

1886

THÉORIE DE LA VALEUR.

I. NOTIONS PRÉCISES SUR LA VALEUR DES CHOSES (1).

J.-B. Say appelle valeur d'un objet « la quantité de toute autre chose qu'on peut obtenir, du moment qu'on le désire, en échange de la chose dont on veut se défaire » (2). Cette définition de la valeur (et beaucoup d'autres rentrent dans celle-là) nous paraît présenter une idée vague. C'est un reproche que nous adresserons à toutes les définitions de la valeur connues de nous. D'après cette définition, la valeur d'un objet dépendrait de la personne avec laquelle on l'échangera ; s'il plaît à un maniaque de faire des folies pour avoir un produit, ce produit vaudrait ce que cet homme en donnera. Quand on l'entend ainsi, la valeur est une quantité variant à tous moments, en tous lieux, suivant tous les caprices, et qui ne présente que peu d'intérêt à celui qui veut l'étudier. C'est sur une idée plus précise que nous chercherons à fonder la notion de la valeur.

Le principe de la propriété étant établi, chaque homme cherche incontestablement à retirer de son industrie le plus grand profit possible ; mais il a à lutter contre l'intérêt de son semblable avec lequel il échange le fruit de son travail. Suivant les besoins que l'on a de part et d'autre des produits que l'on troque, suivant le caprice du moment, on échange ces produits dans des proportions variables. Mais si l'on vient à chercher, dans un grand nombre d'échanges, la proportion moyenne dans laquelle les produits se troquent en un moment donné et sur un même marché, on verra que les rapports des diverses quantités

(1) Le mot Valeur a eu bien des significations : autrefois les économistes considéraient la valeur en usage, la valeur en échange, etc., [illegible] ; nous réservons, ainsi que le font maintenant les auteurs les plus éminents, le mot Valeur pour exprimer uniquement le rapport de quantité entre les choses mutuellement troquées.

(2) J.-B. Say, *Traité d'Économie politique*, liv. II, chap. I.

de produits échangés, à mesure que le nombre des échanges pris pour faire cette moyenne augmente, restent sensiblement constants, et cela en vertu d'une loi connue appelée la *loi des grands nombres*. Ces rapports constituent ce que nous appellerons les *équivalents économiques* des corps ; il est aussi aisé de concevoir des *équivalents économiques* que des *équivalents chimiques*.

Les rapports inverses des équivalents économiques constituent ce que nous appellerons la *valeur* des choses.

Nous nous proposons d'étudier ici comment, par suite des transactions sociales, tendent à s'établir les équivalents économiques des corps, et par suite leur valeur. Pour la commodité du langage, nous supposerons généralement qu'on a pris la *valeur* de la monnaie pour unité, et nous désignerons les *valeurs* des corps, exprimées au moyen de cette unité, par le mot *prix*.

Il ne faut pas confondre ce *prix rationnel* avec le *prix courant* de la vente qui oscille autour de lui.

II. DE LA VALEUR DES OBJETS PRODUITS EN MONOPOLE.

M. Cournot a démontré d'une manière irréfutable comment s'établit la valeur des choses produites en monopole.

Il part de ce principe que chacun tient à tirer de son industrie le plus grand profit possible. Il admet par suite que la valeur de tout objet peut s'obtenir en rendant un maximum le produit du prix de vente par la quantité vendue (qui est une fonction du prix) diminué des frais de production (1).

Il en conclut :

1° Que la valeur des choses ne dépend nullement des frais de production, lorsque ces frais de production sont indépendants de la quantité livrée à la consommation (c'est ce qui a lieu, par exemple, pour le prix des places dans un théâtre) ;

2° Que les frais de production, en augmentant, élèvent toujours la

(1) Si le fabricant ne pouvait pas produire une quantité indéfinie, mais seulement une quantité déterminée inférieure à ce qu'il faudrait qu'il produisît pour tirer de son industrie un profit maximum, le prix de vente serait donné par l'équation que l'on obtient en égalant à la quantité produite le débit exprimé en fonction du prix.

valeur de la denrée (1); mais le calcul démontre que, suivant la forme qu'affecte la loi de la demande, la hausse de la valeur peut être tantôt plus forte, tantôt plus faible que la part des frais afférente à chaque unité de la denrée.

Les calculs de M. Cournot sont des plus intéressants, et nous ne pouvons que résumer sa théorie en y renvoyant le lecteur (2).

Ajoutons cependant quelques mots à cette théorie.

Tout ce qui précède suppose que le produit dont il s'agit n'est pas d'une nature qui empêche de le conserver jusqu'à ce que le producteur en ait trouvé le prix qu'il veut. Mais il existe des produits qui doivent être vendus dans un délai de temps déterminé sous peine d'être perdus; certains produits (le poisson, par exemple) sont dans ce cas. On comprend donc que le producteur pourra avoir intérêt, dans cette circonstance, à diminuer son prix à mesure que le temps s'écoulera, pour hâter la vente; il devra se proposer de faire varier son prix de telle sorte que le profit total de la vente, dans le temps où l'on est contraint de la faire, soit un maximum. La valeur, alors, sera une quantité variable avec le temps suivant une loi possible à déterminer par l'analyse mathématique.

Il importe de constater ici que dans le cas où un producteur cherche à se défaire d'un produit qui ne peut être conservé, le prix de vente est tout à fait indépendant des frais de production de la denrée.

Remarquons toutefois que si les frais de production n'influent pas sur la manière dont le prix de vente devra varier avec le temps, lorsque le vendeur a une quantité donnée de la denrée à sa disposition, ils influent beaucoup sur la quantité qu'il fabriquera ou se procurera (3).

(1) La valeur ne change pas si l'augmentation est indépendante de la quantité produite.

(2) M. Cournot, *Recherches sur les principes mathématiques de la théorie des richesses.*

(3) Si nous supposons qu'un produit se détériore avec le temps, le débit sera fonction du prix et du temps écoulé depuis qu'on a le produit entre les mains. Soit p le prix de vente au bout du temps t. Soit $V = \varphi(p,t)$ la vitesse de vente de l'objet en question; c'est la quantité vendue dans l'unité de temps quand le prix est p; ou plus exactement, c'est la limite vers laquelle tend le rapport de la quantité vendue au temps employé pour vendre à mesure que le temps diminue. Soit τ le temps au bout duquel le produit doit être vendu entièrement. Le bénéfice que le fabricant tirera de la vente sera $\int_0^T p.\varphi(p,t)\,dt.$, et il détermi-

III. DE LA VALEUR DES OBJETS PRODUITS EN CONCURRENCE.

Théorie de la valeur de M. Cournot. — Après avoir étudié la valeur des produits en monopole, M. Cournot passe au cas de la concurrence.

« Imaginons, dit-il, les propriétaires, M, N, de deux sources d'eau minérale dont les qualités sont identiques et qui se trouvent placées de manière à alimenter concurremment le même marché ; de sorte que la quantité totale livrée au commerce se compose de la somme des quantités *m*, *n*, livrées par chacun des propriétaires à un prix qui est nécessairement le même pour chacun d'eux, puisqu'il n'y a aucun motif de préférer une source à l'autre. Ce prix se trouve déterminé quand la somme des quantités *m*, *n*, l'est elle-même, à cause de la liaison qui existe entre le prix et la demande. Admettons, pour un moment, que le propriétaire N ait fixé arbitrairement, sans égard au prix, la quantité *n* qu'il entend livrer : alors le propriétaire M fixera le prix de vente, c'est-à-dire la production totale (composée de la somme des quantités *m* et *n*) ; c'est-à-dire encore sa production *m*, de manière à se procurer le plus grand revenu possible. A une autre valeur de *n* correspondrait une autre valeur de *m* ; et, en général, il y aura, d'après cette considération, une liaison (une équation, comme disent les algébristes) propre à donner la quantité *m*, lorsqu'on s'est donné la quantité *n*. Une pareille liaison existe entre les mêmes quantités, mais qui correspond à l'hypothèse inverse où ce serait le propriétaire N qui fixerait le prix et le total de la quantité produite, après que la quantité *m* aurait été arbitrairement choisie par le propriétaire M. Le système de ces deux liaisons qui doivent simultanément subsister dans l'hypothèse de la concurrence des

nera son prix à chaque instant, de manière à rendre ce bénéfice un maximum. Le prix sera donc donné en fonction du temps par l'équation :

$$p.\varphi'(p,t) + \varphi(p,t) = 0$$

Il arrivera généralement qu'à ce prix tout ne sera pas vendu au bout du temps T et qu'une partie des produits sera perdue ; c'est l'intérêt du producteur d'agir ainsi.

Si la quantité qui se trouve à vendre était inférieure à celle qu'il faudrait vendre pour avoir un bénéfice maximum, le producteur vendrait au prix donné par l'équation :

$$\int_0^T \varphi(p,t)dt = A$$

A étant la quantité du produit à vendre.

deux propriétaires M, N, suffit justement pour la détermination individuelle des deux quantités m, n, par conséquent, pour la détermination de la somme de ces qualités, à laquelle somme correspond un prix déterminé en vertu de la loi de la demande. Dans la pratique, une suite de tâtonnements et d'oscillations amènera les deux propriétaires à cette position d'équilibre, et la théorie montrera que cet équilibre est stable, c'est-à-dire que si l'un ou l'autre des propriétaires, trompé sur ses vrais intérêts, vient à s'en écarter momentanément, il y sera ramené par une suite d'oscillations du genre de celles qui avaient primitivement abouti à constituer l'équilibre (1). »

Cette théorie de M. Cournot nous paraît erronée.

Nous pensons qu'une fois que le propriétaire N a fixé la quantité n qu'il entend livrer au public, le propriétaire M ne peut plus fixer le prix de vente, qui se trouve fixé par la force des choses. N'est-il pas évident, en effet, que si le producteur M venait à fixer un prix de vente, tous les débits seraient déterminés par cela seul et que cela modifierait forcément le débit que le propriétaire N aurait pu s'assigner *a priori?*

Le propriétaire N, une fois le prix fixé, a intérêt à vendre tout ce qu'on lui demandera, et il serait absurde à lui de chercher à vendre moins au même prix.

Classification des objets pour déterminer leur valeur d'après le temps écoulé entre leur production et leur consommation. — Pour étudier comment s'établit la valeur des objets produits en concurrence, nous partagerons ces objets en trois catégories :

1° Les objets consommables au bout d'un temps infiniment grand, c'est-à-dire destinés à être loués et non à être vendus ;

2° Les objets destinés à être consommés, qui peuvent se conserver fort longtemps et que le producteur peut vendre quand il veut, au bout d'un temps quelconque ;

3° Les objets non susceptibles d'être gardés et que le producteur est contraint de vendre au bout d'un temps très petit.

De la valeur des objets consommables au bout d'un temps très grand. — Il existe un grand nombre d'objets qui sont destinés à être loués et non pas à être consommés ; ces objets constituent ce que quelques économistes appellent les *capitaux productifs*. Leur valeur se trouve fixée

(1) M. Cournot, *Principes de la théorie des richesses*, liv. I, ch. II, p. 62, etc.

par le prix de location qu'on en tire. Nous n'examinerons pas ici quelles sont les circonstances qui influent sur le taux du prêt à intérêt; cette question se trouve être en dehors de notre sujet. Pour le moment, nous n'avons qu'à rappeler comment la valeur d'un capital est déterminée par le taux de l'intérêt auquel il est prêté et par les chances plus ou moins grandes qu'a le prêteur de perdre son capital. Le lecteur trouvera cette question résolue dans nos *Considérations mathématiques sur la théorie de l'impôt* (1). — Remarquons ici que certains capitaux sont consommables avec leur revenu. Ainsi une maison ne dure pas indéfiniment. Le procédé que nous venons d'indiquer pour trouver la valeur d'un capital sera toujours applicable.

De la valeur des objets consommables au bout d'un temps fini quelconque. — Considérons actuellement des objets destinés à être consommés et non à être loués. Nous supposons que le producteur n'est par obligé de hâter la vente par crainte de voir sa marchandise détériorée, qu'il a tout le temps nécessaire pour chercher à tirer de son industrie le plus grand profit possible et qu'on peut renouveler les produits avant qu'ils soient hors de service. Nous admettrons d'abord qu'il n'y a pas de producteurs abandonnant leur industrie pour en prendre une autre.

Il est facile de voir que si les concurrents, à eux tous, ne produisent pas plus que ce que devrait produire un seul pour tirer de son industrie un profit maximum, le prix de vente sera le même qu'en cas de monopole. Le corps a, en effet, intérêt à ce que tout soit vendu, et après des tâtonnements successifs, il arrivera à fixer le prix maximum auquel on peut vendre pour que rien ne soit perdu.

Le plus souvent la masse des fabricants obtiendra des produits en quantité plus abondante que cette limite. Si les frais de production sont les mêmes pour tous, la concurrence a pour effet de forcer le corps à vendre au même prix qu'un seul individu ayant le monopole. Cela est aisé à comprendre. D'abord la réunion des marchands ne peut avoir intérêt à vendre plus cher que ne devrait vendre un seul individu ayant le monopole. En second lieu, si un individu voulait baisser le prix de vente, et qu'il fût sûr que les autres en fissent autant pour garder leur

(1) Voy. *Considérations mathématiques sur la théorie de l'impôt*. 1864. 1 vol. in-8, Librairie Gauthier-Villars, p. 61.

clientèle, il ferait une mauvaise spéculation, car il vendrait la même quantité à moins cher.

Dans le cas où les frais de production varient d'un producteur à l'autre, les choses ne se passeront plus de même. Il est clair que, dans ce cas, l'individu qui produit au meilleur marché a intérêt à baisser son prix jusqu'au niveau où ce prix descendrait s'il était seul à produire. Ceux de ses concurrents qui n'auront plus un bénéfice suffisant dans cette industrie pour en vivre, ou même qui y perdraient, vu l'élévation de leurs frais de production, abandonneront l'industrie; ceux qui continueront à exercer la même industrie seront obligés de supporter son prix de vente.

Les considérations qui précèdent font voir comment s'établit la valeur des choses, en admettant qu'on n'a pas à craindre les mutations de producteurs changeant d'industrie. Elles montrent, dans ce cas, que le prix de vente serait le même que si le producteur dont les frais de production sont les moindres avait le monopole; et le corps entier des producteurs aurait un bénéfice total précisément égal au bénéfice qu'aurait ce monopoleur, s'il pouvait tout produire.

La concurrence, nous le voyons, entre les divers producteurs exerçant une même industrie est sans influence sur le bon marché. C'est un point essentiel à constater. Ce qui fait que sous le régime de la concurrence tous les produits se vendent à un prix bien inférieur à ce qu'ils coûteraient sous le régime du monopole, c'est que dans chaque industrie les producteurs doivent craindre, s'ils prennent trop cher, de voir le bénéfice total de leur industrie, qui est indépendant de leur nombre, partagé avec eux par des industriels quittant une autre industrie pour entrer dans celle-là. Ils ont intérêt évidemment à vendre à un taux qui n'est que légèrement supérieur au prix qu'ils redoutent de voir arriver. Ces changements de profession sont très à craindre pour les producteurs d'une industrie mieux rémunérée qu'elle ne devrait l'être; les bras et les capitaux se portent, en effet, là où ils sont le mieux rétribués. Nous voyons d'après cela que, pour une industrie peu abordable, où les frais d'installation sont considérables, qui exige une grande intelligence ou une grande instruction, le prix de vente sera peu inférieur à ce qu'il serait en cas de monopole. Plus l'objet que l'on vend a d'utilité, plus il est nécessaire à l'homme, plus il y a de différence entre le taux de la vente sous le régime de la concurrence et sous le régime du monopole.

Une circonstance tend à hausser le prix, c'est que les personnes qui tendent à produire la baisse n'ont pas généralement la quantité de capitaux nécessaire pour fabriquer ce qu'il leur faudrait produire pour leur intérêt. Enfin, certains produits, les produits agricoles, par exemple, ne peuvent pas être renouvelés aussi vite qu'on le voudrait bien.

Remarquons ici qu'il peut se faire exceptionnellement qu'un producteur soit loin d'avoir les frais de production les plus petits et impose néanmoins son prix aux consommateurs. C'est ce qui arrivera s'il est assez riche pour supporter des pertes momentanées, considérables, pour ruiner ses concurrents. Il pourra, une fois qu'il sera devenu seul producteur, hausser son prix beaucoup plus haut qu'il ne l'aurait été naturellement et gagner beaucoup plus qu'il n'a perdu. C'est ainsi qu'opèrent les Compagnies de chemins de fer pour tuer la concurrence qui peut leur être faite entre deux points intermédiaires d'une même ligne.

De la valeur des objets consommables au bout d'un temps très petit. — Considérons actuellement des objets qui ne peuvent pas être conservés assez longtemps pour qu'un seul producteur en puisse tirer un profit maximum. Les producteurs ont à vendre une certaine quantité de marchandise; cette marchandise ne peut pas être renouvelée avant un certain laps de temps et ne peut pas être conservée non plus au delà d'un certain délai. Il est aisé de voir par un raisonnement analogue aux précédents que tout se passera ici comme dans le cas du monopole. La seule différence est que si les bénéfices sont trop considérables dans cette industrie, d'autres individus y entreront et feront baisser le prix de vente.

Remarquons ici que cette classe d'objets est beaucoup plus étendue qu'on pourrait le croire *a priori;* elle comprend tous les objets qui sont sur le point de se détériorer, les substances alimentaires principalement. On doit joindre encore à cette catégorie d'objets ceux qui conservent leur utilité, mais que le caprice des hommes, la mode, rejette comme impropres à l'usage qu'on en faisait.

De diverses circonstances qui influent, dans la pratique, sur la valeur des choses. — Terminons ces considérations en remarquant que, dans la pratique, les choses ne sont pas aussi simples : les produits vendus par deux marchands sur un même marché ne sont jamais identiques; bien des circonstances viendront parler en faveur d'un des concurrents, on a l'habitude d'aller chez lui, il est d'une affabilité connue, etc., etc., etc.... ; mais ici, nous mettons toutes ces considérations de côté. C'est sur des *limites de valeurs moyennes* que nous raisonnons. Dans la pratique, le prix de vente oscillera autour de la valeur théorique dont nous parlons, mais le bénéfice des producteurs sera *toujours inférieur* au bénéfice théorique dont nous avons parlé, parce que toutes les oscillations dans le prix de vente, *quel que soit leur sens,* tendent à rendre le bénéfice inférieur au bénéfice maximum possible.

Du concours des producteurs. — Dans une société organisée comme la nôtre, il n'y a point de choses qui sortent des mains d'un seul producteur pour passer immédiatement dans celles du consommateur. Chaque objet, avant d'être livré à la consommation, a passé par les mains d'une série plus ou moins longue de producteurs, qui tous ont fait subir une transformation à l'objet en question et ont concouru à l'augmentation de sa valeur. Chaque producteur doit donc compter dans ses frais de production ce qu'il a dû rembourser à tous les fabricants ayant concouru avant lui à la fabrication de l'objet. J.-B. Say explique comment la valeur d'un produit se distribue entre tous ceux qui ont concouru à sa production. Il se sert de l'exemple de la fabrication d'une montre (1). Quoique ce que dit l'illustre économiste soit très clair, nous y ajouterons quelques mots.

Le dernier des producteurs qui ajoute à la valeur d'un objet, avant de le livrer à la consommation (désignons-le par B), fixera son prix, comme nous l'avons dit plus haut, de manière à tirer de son industrie le plus grand profit possible. Dans ses frais de production, il devra comprendre les avances qu'il a remboursées au producteur A, qui, avant lui, avait le produit entre les mains. Quant au producteur A, il devra fixer le prix de vente de la matière inachevée d'une manière analogue à celle dont le producteur B fixera le prix de vente définitif ; il devra seulement tenir compte que la loi de consommation du produit qu'il vend ne dépend pas seulement de la demande des producteurs tels que B, mais encore de celles de tous les producteurs d'autres industries où le produit qu'il fait peut être utilisé.

En fait, c'est le premier des producteurs concourant à la fabrication

(1) J.-B. Say, *Traité d'économie politique*, liv. II, ch. v.

d'un produit qui fixe son prix de vente, d'après la demande qui lui est faite par tous les industriels et les consommateurs qui peuvent utiliser ses produits. Chacun de ces industriels fixe son prix de vente d'après ses frais de production et la demande qui lui est adressée ; et cela se passe ainsi jusqu'au dernier producteur qui livre au consommateur.

De la communication des marchés. — Nous n'avons parlé jusqu'ici que des producteurs se faisant concurrence sur un même marché. Aujourd'hui, avec les facilités de communications existantes, presque tous les marchés tendent de plus en plus à n'en faire qu'un. On doit seulement remarquer que chaque concurrent, sur un marché donné, doit faire entrer dans ses frais de production les frais de transport de la marchandise jusqu'au lieu où il vend ; il doit tenir également compte des risques d'avaries ou de pertes en voyage.

THÉORIE DE L'IMPOT.

I. DES CONDITIONS GÉNÉRALES AUXQUELLES DOIT SATISFAIRE L'IMPÔT.

Définition. — « L'impôt, dit J.-B. Say, est cette portion des produits d'une nation qui passe des mains des particuliers aux mains du Gouvernement pour subvenir aux consommations publiques » (1).

L'impôt est le prix d'un service rendu. — L'impôt est incontestablement une charge pour celui qui le paie : celui-ci doit donc être dédommagé par les services que lui rend la société en échange. « Quand les peuples ne jouissent pas des avantages que l'impôt peut leur procurer, quand le sacrifice auquel il les soumet n'est pas balancé par les avantages qu'ils en retirent, il y a iniquité. Ce bien leur appartient ; on ne saurait, à moins de commettre un vol, ne pas leur donner en échange un bien qui le vaille » (2).

Du service rendu à tous et que l'impôt est destiné à payer. — Quel est donc ce service rendu à tous, en paiement duquel est dû l'impôt ? « Il n'existe pas dans la société, dit M. Thiers, un seul genre de travail, celui qui consiste à cultiver la terre, à tisser des fils, à faire de ces fils des étoffes propres au vêtement, à construire des habitations, en un mot à nourrir, à vêtir, à loger l'homme. Il y en a un second, non moins indispensable, c'est celui qui consiste à protéger le premier, à protéger le laboureur, le manufacturier.. .. De même que le laboureur produit du grain pour celui qui tisse et réciproquement, l'un et l'autre doivent labourer et tisser pour celui qui monte la garde, applique les lois ou administre. Ils lui doivent une partie de leur travail en échange du travail qu'il exécute pour eux » (3).

Enfin, c'est une chose généralement admise que, dans tous les Etats

(1) J.-B. Say, *Traité d'économie politique*, liv. III, ch. IX.
(2) J.-B. Say, Coll. éc. Guillaumin, p. 39.
(3) M. Thiers, *De la Propriété*, liv. IV, ch. II.

un peu considérables, il est nécessaire de payer par l'impôt un certain nombre de travaux d'utilité publique. Lorsque de grandes voies de communication, lorsque des canaux sont ouverts dans un pays, ce sont là des biens dont tout le monde profite et que tout le monde doit payer. L'Etat doit, d'ailleurs, *dans de certaines limites,* se mettre à la tête du progrès des idées, donner l'impulsion à l'étude des lettres, des sciences et des arts : il doit, en un mot, payer toutes les œuvres d'utilité publique que l'industrie privée ne peut entreprendre.

Énoncé des principales conditions auxquelles doit satisfaire l'impôt. — Les principaux économistes sont d'accord pour admettre que les meilleurs impôts sont :

1° Les plus modérés quant à leur quotité ;

2° Ceux qui sont faciles à percevoir ;

3° Ceux qui entraînent le moins de ces charges qui pèsent sur le contribuable sans profiter au Trésor public ;

4° Ceux dont le fardeau se répartit *équitablement ;*

5° Ceux qui nuisent le moins à la production des richesses ;

6° Ceux qui ne donnent pas aux populations des habitudes contraires à la morale.

Examinons rapidement chacune de ces conditions.

Les impôts doivent être modérés quant à leur quotité (1). — La société payant un service par l'impôt doit tâcher d'obtenir ce dont elle a besoin au meilleur marché possible ; cela est évident de soi-même. Il importe de constater ici que nous ne voulons pas dire que les impôts doivent être réduits le plus qu'on pourra, par tous les moyens possibles, en réduisant, par exemple, les services *réels* que *doit* rendre l'Etat. Loin de nous cette pensée : nous voulons simplement remarquer que les services rendus étant les mêmes, le mode de perception de l'impôt n'étant pas changé, de telle sorte que les vexations qu'il entraîne soient les mêmes, il est à désirer qu'on paye le moins possible (2).

(1) Voir la réfutation des sophismes sur l'impôt dans le *Traité de finances* de M. Joseph Garnier, ch. IV, 2e édition.

(2) Il est bon de remarquer ici que ce qui importe à l'Etat, ce n'est pas toujours de diminuer les traitements de ses agents ; des agents mal payés sont généralement de mauvais serviteurs, soit que leur métier leur déplaise, soit que des gens de mérite ne veuillent pas servir l'Etat pour de trop faibles appointements. Un agent payé plus cher, mais qui par son savoir-faire rapporte plus, rend en somme de meilleurs services à la société pour le même prix.

Les impôts doivent être faciles à percevoir. — De tout temps les peuples ont témoigné de la répugnance à payer l'impôt ; sans doute parce que chacun, ayant à lutter contre des besoins qui se font sentir tous les jours, recule à payer pour des avantages que la société lui donne sans qu'il en comprenne bien l'utilité. C'est donc une grande difficulté pour les agents du fisc que de faire rentrer les fonds dus à l'Etat, et il importe, en conséquence, que toute contestation sur le paiement à faire par chacun soit impossible. Selon Smith, « le temps, le mode et la quotité du paiement, tout doit être clair et net pour le contribuable » (1). Il est de la plus haute importance, pour la facilité de la perception, que les peuples aient bien la conviction que l'argent qu'on leur prend doit être dépensé dans l'intérêt de tous. Le meilleur moyen pour obtenir ce résultat est que le Gouvernement appelle le pays tout entier ou du moins ses représentants à consentir l'impôt. Ce fut l'intérêt qui guida les rois lorsque sous l'ancien régime ils commencèrent à employer ce système dans des circonstances difficiles. Il ne suffit pas, pour satisfaire l'opinion publique, que les représentants aient fixé le total des impositions à prélever. « Une loi doit tracer le plan de répartition. Faute de cette fixation, presque toujours la répartition a été injuste, et lorsqu'elle ne l'a pas été, elle a été réputée l'être : ce qui a produit une partie des mauvais effets qu'aurait produits la réalité » (2). Toutes ces conditions étant remplies, l'impôt est encore difficilement perçu. La résistance que présente un peuple à la perception est tellement vive, qu'il faut tâcher de prélever l'imposition sur lui pour ainsi dire à son insu ; il faut qu'il s'aperçoive aussi peu que possible du sacrifice au moment où il le supporte ; il faut enfin que ce sacrifice ne lui soit pas toujours demandé à des époques fixes et par parties assez fortes, mais seulement par fractions aussi minimes que possible, payables au moment le plus commode pour le contribuable. L'impôt, ainsi établi, est beaucoup moins lourd pour celui qui le paye et par suite plus facile à percevoir.

Les impôts doivent entraîner le moins possible de ces charges qui pèsent sur le contribuable sans profiter au Trésor public. — Si la société supporte une charge, il est évident qu'il faut que le sacrifice profite en entier à ceux qui le font ; tout argent prélevé sur le contribuable et

(1) Adam Smith, *Richesse des nations.*
(2) De Montyon, *Influence des impôts sur la moralité, l'activité et l'industrie des peuples.* Collection princ. Economistes Guillaumin, p. 457.

perdu pour le Trésor public est une perte irréparable pour la société, puisqu'il ne sert qu'à payer des services imaginaires. Les frais de perception d'un impôt doivent donc être aussi minimes qu'il sera possible à l'Etat. Les agents du fisc rendent sans doute d'incontestables services au pays, mais ce que coûtent ces services constitue pour la société une perte réelle, qu'il faut tâcher de réduire à son minimum. Les frais de poursuites entrent avec les traitements des agents du fisc dans cette catégorie de pertes. L'Etat doit, en un mot, faire comme l'ingénieur chargé de construire une machine ; celui-ci doit prendre toutes ses mesures pour diminuer autant que possible les frottements qui font perdre une partie de la force motrice et diminuent l'*effet utile* qu'on peut produire avec cette force, par l'intermédiaire de la machine.

Les impôts doivent être répartis équitablement. — C'est surtout au point de vue de la justice distributive que nous comptons étudier l'impôt ; cette question exige beaucoup trop de développements pour que nous puissions la traiter dans ce paragraphe. Nous nous bornerons actuellement à constater qu'il doit être réparti de façon que chacun paye les services que lui rend la société *selon leur valeur.*

Les impôts doivent nuire le moins possible à la production des richesses. — L'impôt tend toujours à onérer la production ; mais, lorsqu'il est faible, l'industrie surmonte facilement l'obstacle qu'il lui présente. Le mal devient plus grand lorsque l'impôt, exigible à un moment donné, est assez fort pour ne pouvoir pas être payé sur le revenu, mais entame forcément le capital déjà formé. Le propriétaire, dira-t-on, pourra bien économiser le capital dépensé pour payer l'impôt s'il pouvait le prélever sur son revenu, en un temps plus long. Cela est vrai ; mais cet impôt prélèvera un capital déjà employé reproductivement, au lieu d'un capital qui aurait pu l'être plus tard. Il tend, en ce cas, à détruire l'esprit d'économie : l'homme, en effet, consent généralement, pour supporter la charge annuelle de l'impôt sur ses revenus, à restreindre ses consommations de telle sorte que le capital destiné à la reproduction est atteint, dans ce cas, pour une quantité moindre que le montant de l'impôt. Une fois, au contraire, que l'homme a entamé un capital déjà épargné, il ne s'arrête plus ; le goût de l'épargne diminue en lui.

Disons actuellement un mot de la répartition de l'impôt au point de vue de la production des richesses.

On a souvent dit que l'impôt progressif avait le grave inconvénient de nuire beaucoup à la production des richesses. Il importe de voir jusqu'à quel point ce reproche est mérité. Pour voir quelle est l'action de l'impôt sur la production des richesses, nous remarquons qu'il peut, soit simplement nuire à l'épargne, soit forcer les capitaux à aller chercher un placement à l'étranger, soit enfin décourager le producteur et lui faire abandonner son industrie.

Comme il est beaucoup plus facile d'économiser sur son superflu que sur son nécessaire, le riche semble devoir, plutôt que le pauvre, pouvoir augmenter le capital productif de son pays. S'ensuit-il pour cela que l'impôt progressif gêne forcément la production des richesses, beaucoup plus que l'impôt proportionnel, parce qu'il prend trop au riche? Cela ne nous paraît nullement démontré. Nous comprenons bien que l'impôt croissant en proportion illimitée avec le revenu des citoyens tue l'épargne ; mais en serait-il de même d'un impôt proportionnel sur les grands revenus et décroissant plus vite que le revenu, à mesure qu'il s'approche du nécessaire? Le mode de répartition de l'impôt qui gêne le moins la production des richesses nous est inconnu ; mais le raisonnement que l'on fait pour prouver que c'est l'impôt proportionnel n'a aucune valeur.

Quant à la crainte que l'on manifeste que l'impôt progressif ne fasse fuir les capitaux à l'étranger, elle nous semble être fondée si l'impôt doit croître beaucoup plus rapidement que le revenu ; nous pensons, au contraire, que cette émigration ne doit pas être à craindre lorsqu'il s'agit d'un impôt légèrement progressif.

Reste enfin la question de savoir lequel de ces deux genres d'impôts a le plus de chance d'arrêter en partie la production. Quant à nous, nous croyons que c'est l'impôt légèrement progressif qui présente les moindres inconvénients. Lequel, en effet, aura le plus de risques de voir son industrie arrêtée par la création de l'impôt, de celui qui a cent mille francs, ou d'un groupe de cent individus ayant chacun mille francs et non associés? N'est-il pas évident que pour qu'un individu abandonne son industrie, il faut qu'il ne trouve plus le moyen d'en vivre, tandis que, pour que le groupe ne produise plus autant, il suffit qu'un seul de ses membres ne puisse plus vivre de ce qui lui reste après la création de l'impôt?

Ajoutez à cela qu'un individu ayant, un capital cent fois plus fort produit généralement à meilleur marché que cent individus, non associés, ayant à eux tous autant que lui.

Nous arrivons à conclure de ce qui précède que les attaques dirigées contre l'impôt progressif, au point de vue de la production des richesses, sont loin d'être irréfutables (1).

Il faut éviter les impôts qui donnent aux populations des habitudes contraires à la morale. — L'impôt vient entraver les habitudes des populations, comme il gêne la production ; il est une véritable amende attachée à certains actes. C'est donc une arme puissante dans les mains des gouvernements pour corriger chez les hommes des habitudes nuisibles à la société. Tout impôt injuste, excessif, s'attaquant aux personnes ou à la propriété est mauvais ; il provoque des fraudes innombrables. Les gens les plus honnêtes ne se font pas un cas de conscience de frauder des droits iniques. De là, la nécessité pour l'État de punir comme crime des actions fort innocentes en elles-mêmes, quelquefois même profitant à la société. L'habitude de frauder un droit même injuste déprave les hommes ; ils perdent la connaissance du juste et de l'injuste ; les habitudes les plus détestables en sont la suite, et la démoralisation complète d'un pays peut être la conséquence d'un système d'impôts contraire à la morale. De tous les impôts, celui qui a directement les conséquences morales les plus fâcheuses a été la *loterie* qui donnait aux populations le goût du jeu en exploitant la crédulité. C'est un honneur pour la France d'en avoir fini avec une pareille taxe.

II. DE L'IMPÔT CONSIDÉRÉ EXCLUSIVEMENT AU POINT DE VUE DE LA JUSTICE DISTRIBUTIVE (2).

La valeur du service rendu à chacun par la création d'un contrat social ne peut se concevoir d'après l'idée ordinaire que l'on se fait de la

(1) M. Joseph Garnier, dans son *Traité de finances*, admet que les reproches que l'on a faits à l'impôt progressif ne doivent s'entendre que de l'impôt croissant en proportion illimitée. Nous sommes heureux de pouvoir citer son opinion à l'appui de la nôtre.

(2) Nous supposons dans ce paragraphe que toutes les dépenses faites par l'État sont indubitablement nécessaires. Un Sultan peut, par défaut de lumières ou par intérêt, gaspiller les deniers publics dans son empire ; cela ne change rien à la manière dont l'impôt doit être réparti dans ce pays, chaque contribuable ne devant payer qu'en raison des services *rationnels* et *réels* que lui rend le gouvernement.

valeur des choses. Ce n'est plus ici un service que tout le monde peut être appelé à produire et que tout le monde est libre de prendre ou de refuser. Le contrat social, accepté par la majorité, est imposé à tous : il ne doit donc avoir pour but que le développement du bien-être général et l'établissement de la justice. Comment la société peut-elle régler les droits de tous et taxer chacun conformément au principe de la justice ? Telle est la question que nous allons essayer de traiter sommairement.

Pour plus de clarté, nous partagerons les dépenses publiques en deux catégories :

1° Les dépenses ayant un but direct autre que la protection sociale ;

2° Les dépenses ayant pour but direct la protection sociale.

De la partie de l'impôt destinée à payer les dépenses d'utilité publique autres que la protection sociale. — Ainsi que nous l'avons constaté, ces dépenses servent indirectement à augmenter la sûreté générale, soit en améliorant les mœurs, soit en rendant l'exécution de la loi plus facile. Nous remarquerons que l'on peut, par suite, partager ces dépenses en deux parties, dont l'une sera réunie aux frais de protection sociale, et dont l'autre devra être étudiée à part. C'est de cette dernière partie seulement que nous parlons en ce moment. La plus grande partie de ces dépenses paraissant, en résumé, profiter beaucoup plus au riche qu'au pauvre, il semble que l'impôt doive (pour cette fraction de son ensemble), être légèrement progressif. Il doit atteindre dans la même proportion les diverses espèces de revenus. Cela n'est cependant pas toujours vrai : ainsi, de grands travaux publics augmentant la valeur de la propriété foncière doivent être payés en plus forte proportion par les propriétaires fonciers. Mais n'oublions pas que ces dépenses ne sont que d'un intérêt secondaire dans l'ordre social, relativement au besoin d'une protection générale des personnes et des propriétés. Les fonds qu'on emploie à cet usage doivent donc être faibles relativement à la masse des impôts.

De la partie de l'impôt destinée à payer la protection sociale. — Cette partie de l'impôt est de beaucoup la plus grande, si l'on comprend la portion des dépenses publiques servant indirectement à la protection sociale. La loi de la répartition est des plus intéressantes à connaître. Elle varie suivant que l'on admet :

1° Que chacun redoit à la société proportionnellement à ce qu'il gagne à la protection sociale ;

2° Que chacun redoit à la société ce qu'il en coûte à cette dernière pour le protéger en particulier ;

3° Que chacun doit retirer de la société un profit moral égal (1);

4° Que le sacrifice moral imposé à chacun doit être proportionnel au profit moral qu'il retire de la protection sociale ;

5° Que le sacrifice moral imposé à tous doit être le même.

Si le lecteur veut bien se reporter à nos *considérations mathématiques sur la théorie de l'impôt* (2), il verra que, quel que soit celui de ces points de vue que l'on accepte, on est forcé d'en conclure que le revenu du travail doit, pour la justice, être beaucoup moins imposé que le revenu des capitaux.

L'impôt semble devoir être proportionnel ou progressif, suivant l'hypothèse que l'on adopte comme la plus juste.

Pour arriver à choisir entre les résultats auxquels mènent ces diverses hypothèses, nous remarquerons qu'il n'est pas nécessaire de trouver les conditions auxquelles doit satisfaire le contrat social pour être juste. Le profit que chacun retire du contrat étant supposé établi le plus justement possible, la meilleure répartition de l'impôt nous paraît être celle que l'on obtient en admettant que *le sacrifice moral imposé à chacun doit être proportionnel au profit moral qu'il retire du contrat social.* Nous avons déjà dit quelles sont les conséquences de cette hypothèse. Ajoutons seulement ici à ce que nous avons dit alors, qu'il ne faut pas s'exagérer l'importance des formules que nous avons données. La *valeur morale* d'un bien dépend de mille circonstances différentes, et il y aurait illusion à croire qu'une valeur morale pourra jamais être exactement jaugée. L'étude que nous avons faite nous permet seulement de voir, jusqu'à un certain point, comment en général et *en moyenne* se fait sentir la valeur des choses pour l'homme :

(1) La perte d'une même somme d'argent est beaucoup plus pénible pour le pauvre que pour le riche, parce qu'au premier c'est le nécessaire, au second c'est le superflu qui se trouve enlevé. On comprendra aisément qu'en conséquence de cette vérité la fortune d'un homme n'a pas pour lui une *valeur morale* qui croisse aussi vite que sa *valeur mathématique,* tout accroissement de bien égal diminuant de valeur alors qu'il rapporte des choses de moins en moins nécessaires. On peut donc, jusqu'à un certain point, considérer la *valeur morale* du bien d'un individu comme une *fonction* de la *valeur mathématique* de ce bien, *fonction* qui croît moins rapidement que la *variable.*

(2) *Considérations mathématiques sur la théorie de l'impôt.* 1 vol. in-8, 1864, Gauthier-Villars.

c'est une méthode qui permet de voir approximativement comment doit être établi l'impôt. Si cette loi de répartition est impossible à déterminer rigoureusement, il n'en est pas moins vrai que les conséquences générales auxquelles nous sommes arrivés ont de l'importance.

Ces conséquences sont d'ailleurs en parfait accord avec les résultats que l'on obtient, d'autre part, en remarquant que l'impôt doit avoir un mode de répartition intermédiaire entre ceux que l'on obtient dans nos deux premières hypothèses.

Il s'ensuit que le revenu du travail doit être beaucoup moins imposé que le revenu du capital, surtout lorsqu'il s'agit du salaire du pauvre diable vivant au jour le jour et consommant son revenu presqu'aussitôt qu'il l'a touché. Il semble en outre que l'impôt doive être légèrement progressif, mais tendant à devenir proportionnel à mesure qu'il atteint des revenus de plus en plus grands.

Ces résultats sont aisés à comprendre si l'on songe à ce que chacun gagne au contrat social. Le salarié et le capitaliste, ayant même revenu, doivent chacun deux primes :

La première, qui peut être considérée comme la même pour tous deux, correspond à la garantie qu'on leur donne qu'ils conserveront leur vie et leur liberté ; c'est le paiement de la protection accordée par la loi à la personne, indépendamment des biens.

La seconde correspond pour le salarié à la certitude de conserver le fruit de son travail *une fois qu'il l'a perçu ;* pour le capitaliste elle correspond à la garantie de son revenu *et à celle de son capital.*

Remarquons, en outre, que le salarié touche le fruit de son travail par fractions très minimes et que, par suite, la loi ne lui assure moyennement qu'une bien faible partie du capital rapportant le même revenu annuel.

Quant à la manière dont l'impôt doit croître avec le revenu, pour un même genre de revenus, il est impossible de rien affirmer. C'est que pour trouver la solution de ce problème, il faut tenir compte des *risques* que l'on aurait de perdre son bien sans la protection sociale et voir comment ces risques varieraient avec la valeur des biens garantis ; or il est vraisemblable qu'ils iraient en augmentant avec la valeur des biens garantis ; mais cela est loin d'être certain. Nous engageons le lecteur à vouloir bien se reporter à l'ouvrage dont nous lui avons parlé, pour y voir en détail la solution de ces questions.

Du meilleur impôt théorique. — Si l'on résume ce qui précède et ce que nous avons dit précédemment, on voit que le meilleur impôt théorique doit, en somme, au point de vue de la justice distributive, satisfaire aux conditions suivantes :

1° Il doit atteindre le revenu du capital dans une proportion beaucoup plus forte que le revenu du travail (surtout que le revenu du travailleur vivant au jour le jour) ;

2° Il semble devoir être progressif, de telle sorte qu'il soit proportionnel pour les grands biens et qu'il décroisse plus rapidement que la valeur de la fortune du contribuable à mesure qu'il atteint davantage le nécessaire ; cela est surtout vrai pour l'impôt assis sur le revenu du travail ;

3° Les capitaux loués doivent plus d'impôt que les capitaux exploités par leur propriétaire ;

4° Les valeurs mobilières doivent être atteintes dans une plus faible proportion que les immeubles ;

5° Le travail plus particulièrement protégé par la loi doit payer plus d'impôt ;

6° La contribution due par chaque contribuable doit être préférablement unique et nominative, parce qu'ainsi établi l'impôt n'est pas susceptible d'être répercuté ; ceci exige que l'on connaisse tous les biens de chacun (1).

Les deux premières des conditions qui précèdent ne sont pas complétement vraies pour un peuple civilisé, ayant pour voisins des peuples barbares, sans industrie, qui vivent encore sous un régime analogue à la féodalité. Un pareil peuple sera obligé de garder sur pied d'immenses armées pour défendre sa frontière, et la partie de l'impôt destinée à payer ces dépenses devra aussi bien être acquittée par les salariés que par les capitalistes ; elle devra, en outre, ne plus croître aussi rapidement avec le revenu.

Dans un pays entouré de peuples civilisés comme lui, les grandes armées permanentes n'ont pas autant de raison d'être : elles servent alors principalement à protéger les personnes et les propriétés, soit contre les troubles intérieurs, soit contre *les premiers désordres* d'une

(1) L'impôt unique ne nous paraît pas, *en lui-même*, susceptible d'être répercuté ; mais il a des effets *indirects* impossibles à éviter et analogues pour tous les impôts. (Voir nos *Considérations mathématiques sur la théorie de l'impôt*, p. 57 et suiv.)

invasion étrangère; elles doivent tendre, en outre, à devenir beaucoup moins nombreuses à mesure que les peuples ne se comporteront plus les uns vis-à-vis des autres comme se comportaient les hommes à l'état sauvage. Toutes les conditions dont nous venons de parler sont donc obligatoires pour l'établissement de l'impôt; les deux premières devront avoir en outre un effet plus sensible avec le temps (1).

Nous venons de voir que l'établissement du meilleur impôt théorique exige que l'on connaisse tous les biens de chacun; reste à savoir comment on pourra jamais y parvenir et comment on pourra réaliser une répartition des taxes conforme à la justice. Nous avons déjà eu l'occasion de constater combien cela est difficile. L'étude de la théorie a néanmoins en cette question une grande importance. Semblable à la boussole qui guide le navigateur et l'empêche de se perdre au milieu des mers, elle indiquera dans quelle direction devront être faits les essais des hommes qui entreprendront la grande tâche de réformer l'impôt (2).

(1) Nous admettons que les armées permanentes tendront à devenir beaucoup moins nombreuses à mesure que les peuples deviendront plus civilisés; mais nous ne pensons pas qu'elles puissent jamais être supprimées complétement. Vouloir que chacun soit appelé à veiller, d'une manière active, à la sécurité générale, c'est ne pas reconnaître les effets utiles de la division du travail.

(2) Nous supprimons ici la fin de cet article, comme rentrant dans le domaine de la pratique.

L'IMPÔT

SUR LE REVENU DU TRAVAIL ET SUR LE REVENU DU CAPITAL.

Le salaire du travailleur doit être moins imposé que le revenu du capitaliste, à valeurs égales, pour les raisons ci-après :

1° Le salarié n'a entre les mains qu'une partie *généralement faible* de son revenu de l'année, tandis que le capitaliste a vingt fois ce revenu environ ; la somme qu'à chaque instant on peut voler à l'un est donc beaucoup plus forte que celle que l'on peut voler à l'autre.

2° Le revenu du salarié est à peu près *assuré* par la force des choses. Quiconque voudrait s'approprier un revenu équivalant au revenu d'un capital et provenant du travail d'un homme, ne pourrait le faire qu'en asservissant cet homme. Or, il faudrait bien nourrir, vêtir, loger l'esclave, car, s'il mourait, le revenu mourrait avec lui. Le voleur, au contraire, prendrait facilement au capitaliste une source de bien intarissable, sans souci que la victime meure de faim.

3° Enfin, et c'est sur ce point que je crois devoir insister en ce moment, en réclamant une même somme d'argent au capitaliste et au salarié ayant même revenu, vous leur imposez à tous les deux des *sacrifices très inégaux*. La raison en est simple : c'est que le premier, *qui a son temps libre*, peut travailler pour augmenter son revenu, s'il le trouve insuffisant ; le second, au contraire, ne le peut pas. Le temps, dans ce cas, ne vaut-il pas de l'argent ? *Time is money*, dit un vieux proverbe anglais.

Le capitaliste, en un mot, possède un capital *probable* (comme disent les mathématiciens) correspondant à la rente viagère qu'il *peut* se faire par son travail.

Tout ce que je viens de dire me semble, d'ailleurs, résulter clairement de mes *Considérations mathématiques sur la théorie de l'impôt* (1), auxquelles je prie le lecteur de se reporter.

(1) Un volume, Gauthier-Villars, 1864.

C'est en vertu du troisième motif que nous venons de donner, que le revenu du travail doit être moins imposé que le revenu des capitaux, toutes les fois qu'il s'agit de dépenses n'ayant pas pour but la protection sociale.

C'est pour la même raison que nous croyons que, dans un pays entouré de peuples jouissant des mêmes avantages sociaux, ce principe doit être appliqué à la répartition de toutes les dépenses faites dans un but d'orgueil national, soit sous la forme d'encouragement à certaines industries (ces dépenses sont alors *latentes* et ne figurent pas au budget) (1), soit sous forme d'armements pour protéger ce pays contre l'envahissement par l'étranger.

On sera peut-être tenté de nous répondre qu'il existe certaines dépenses *exceptionnelles* (les frais nécessaires à la gratuité de l'instruction, par exemple) profitant plus au pauvre qu'au riche, et pour lesquelles notre loi de répartition ne serait pas vraie, si l'on veut proportionner le sacrifice au profit. Même pour cette dernière dépense, nous croyons notre mode de répartition applicable. Quelques explications nous semblent ici nécessaires.

Chacun a un droit naturel à jouir du fruit de son travail ; mais, comme l'homme devient par l'instruction capable de produire beaucoup plus de richesses avec la même peine, il faut que chacun puisse, *moyennant un même sacrifice,* puiser dans le fonds commun des connaissances acquises par l'humanité.

Sans ce *droit à l'instruction* (2) accordé à tous, le contrat social n'est plus complètement juste, et l'on ne saurait répartir une telle dépense comme celles qui se font le contrat étant supposé d'une équité incontestable.

N'oublions pas, d'autre part, que l'instruction sert indirectement à la protection sociale.

Je terminerai cette théorie de l'impôt par une simple remarque sur sa diffusion.

A notre avis, cette diffusion est d'autant moins sensible que l'impôt tend davantage à être proportionnel ou à atteindre chacun en raison de

(1) Elles exigent, dans ce cas, un correctif, sous forme de remboursement aux travailleurs.

(2) Nous ne parlons ici de l'instruction qu'autant qu'elle concourt à la production des richesses.

la totalité de ses biens, de telle sorte que chaque propriétaire paye la même somme, quel que soit le placement qu'il ait fait de ses capitaux.

Dans le cas où cette condition serait rigoureusement remplie, l'impôt, comme nous l'avons dit, n'aurait plus que des effets indirects, ce qui constituerait une diffusion qu'on pourrait peut-être appeler, avec raison, *du second ordre*, parce qu'elle serait beaucoup moins importante que la première.

Il nous semble en résulter que, si l'on n'est pas complétement maître de la répartition de l'impôt, on peut, du moins, l'améliorer sensiblement, surtout dans l'intérêt des classes laborieuses ; de même que, malgré la diffusion de la lumière, on peut éclairer beaucoup plus un lieu donné en en rapprochant un point lumineux.

Constatons ici que, si les réformes sont à désirer, elles doivent être faites *après avoir été bien mûries* et *dans les temps calmes*.

DES DROITS PROTECTEURS.

Les *droits protecteurs* peuvent être envisagés à deux points de vue bien distincts :

1° Au point de vue du droit naturel ;

2° Au point de vue de l'intérêt public.

Au point de vue du *droit naturel,* la plupart des économistes, et particulièrement Frédéric Bastiat, ont vivement attaqué le système protecteur. A leur avis, la propriété résultant d'un droit naturel (1), le législateur outrepasse ses pouvoirs lorsqu'il entrave l'ordre normal des choses, en prenant à la masse des consommateurs pour donner à quelques producteurs. Selon nous, cet argument tend seulement à prouver que les droits dont il s'agit ne doivent pas être *exagérés,* mais qu'ils doivent toujours être *modérés.*

Il nous semble, en effet, incontestable que si le droit de propriété repose sur un principe de justice supérieur à toute convention humaine, c'est à la loi qu'il appartient de *limiter ce droit,* pour suppléer à tout ce qu'il y a de vague dans la notion naturelle qu'ont les hommes de la justice. Or, s'il existe dans la fortune de chacun une part due à la création de la loi, cette part peut être évidemment augmentée ou diminuée par le législateur, dans l'intérêt général.

Pour les droits protecteurs considérés exclusivement au point de vue de l'*intérêt public,* on allègue d'abord qu'il est indispensable d'établir des droits protecteurs qui assurent l'existence des industries nécessaires à la défense nationale.

Nous ne parlerons ici des droits protecteurs qu'au point de vue de la production des richesses (2). Il semble, *a priori,* que les peuples, sous

(1) Voir particulièrement Œuvres choisies de Frédéric Bastiat, t. I, p. 504 et suivantes.

(2) Quelques auteurs prétendent que, sous le régime de la liberté, certains peuples, très inférieurs à leurs voisins, ne sauraient rien créer pour échanger

le rapport de la production des richesses, gagnent tous à la liberté commerciale, comme tous les départements d'un même pays gagnent à cette liberté. Cela n'est cependant pas *démontré.* Il n'y a rien d'absurde à concevoir qu'un pays ait certaines causes d'infériorité *passagère*, et qu'il cherche à protéger *momentanément* les industries qui, suivant l'expression de Colbert, ont besoin de béquilles pour apprendre à marcher. Les allégations des libres-échangistes et celles des protectionnistes nous semblent donc admissibles, et nous allons essayer d'examiner *très succinctement jusqu'à quel point* chacune de ces écoles a raison.

Nous remarquerons d'abord que la taxe ayant pour but d'amener une industrie particulière à supporter la concurrence étrangère doit toujours être fixée à la *valeur minimum* qui donne ce résultat. Or, il nous paraît incontestable que le législateur l'a souvent fixée au-dessus. La valeur de la taxe nécessaire à la protection de l'industrie se trouvant déterminée par la nature des choses, il reste à savoir quelle est la *durée maximum* que l'on doit donner à cette taxe, durée au delà de laquelle le pays n'a plus intérêt à la maintenir.

Telle est la question dont nous allons dire quelques mots et qui nous mènera à voir dans quel cas aucune durée de la taxe n'est pratiquement possible, sans perte pour le pays.

Toutes les fois qu'un *droit protecteur* vient à être établi, il en résulte pour la nation deux effets successifs, si le droit a sa raison d'être :

1° La nation subit d'abord une perte annuelle de jouissances ;

2° La diminution du revenu de la nation cesse en même temps que la taxe, et il en résulte un bénéfice annuel pour le pays.

Soit a la perte *moyenne* annuelle qu'occasionne la taxe à la nation ;

Soit b le bénéfice *moyen* annuel qui résultera pour la nation de la suppression de la taxe ;

Soit x la durée de la taxe ;

Soit r l'intérêt annuel du franc.

contre les produits venant de l'étranger. Ils réclament, en conséquence, pour l'industrie nationale une *protection* qui semble tout à fait analogue à celle que réclament certaines écoles socialistes pour les individus, sous le nom de *droit au travail.* Nous croyons inutile de répéter ici des vérités que tout le monde sait : c'est qu'il y a toujours du travail pour tous les hommes sur la terre ; mais c'est aux individus à savoir produire toutes les richesses dans la proportion où elles se consomment.

Les pertes successives qu'éprouve le pays, pendant les x années que dure la taxe, auront pour *valeurs actuelles* :

$$a, \frac{a}{1+r}, \frac{a}{(1+r)^2} \dots \text{etc} \dots \frac{a}{(1+r)^{x-1}}$$

dont le total est égal à :

$$\frac{a}{r}\ (1+r)\left[1-\frac{1}{(1+r)^x}\right]$$

D'autre part, le bénéfice *moyen* annuel qui en résultera pour le pays, à partir de la xme année, s'accumulera *indéfiniment ;* mais on se tromperait *étrangement* si l'on pensait que le bénéfice total de la nation sera *infini,* les bénéfices annuels ayant une *valeur actuelle* qui diminue de plus en plus, au fur et à mesure qu'ils doivent être touchés à une époque plus éloignée.

Le total des bénéfices que réalisera la nation vaudra actuellement

$$\frac{b}{r}\ (1+r)\ \frac{1}{(1+r)^x}$$

Pour que la nation ne perde pas à l'existence du droit, il faut que la *durée maximum* de celui-ci soit celle que donne, pour x, l'équation

$$\frac{a}{r}\ (1+r)\left(1-\frac{1}{(1+r)^x}\right)=\frac{b}{r}\ (1+r)\ \frac{1}{(1+r)^x}$$

d'où :

$$(1+r)^x = 1+\frac{b}{a}$$

et, par suite,

$$x=\frac{\log\left(1+\frac{b}{a}\right)}{\log\ (1+r)}$$

L'examen de cette formule fait voir que :

Si $b > o$ et $a > o$, la taxe a une durée *maximum ;*

Si $b = o$ et $a > o$, la durée *maximum* de la taxe est nulle ;

Si $b < o$ et $a > o$, x est *négatif* ou *imaginaire ;* ce qui indique que le bénéfice ne peut, dans ce cas, égaler la perte, ce qui était évident *a priori.*

Si $b > o$ et $a = o$, $x = \infty$; c'est-à-dire que s'il n'y avait pas de perte en établissant le droit, on pourrait le laisser subsister indéfiniment (1).

(1) Il importe de noter ici que ces déductions ne sont que la traduction en style algébrique des bases sur lesquelles repose notre formule ; elles n'ont pour but que d'en rendre l'exactitude plus frappante.

Si nous supposons que l'argent rapporte 5 0/0 d'intérêt par an, il sera facile de déduire de la formule précédente dans quel rapport il faut que le bénéfice annuel à venir soit avec la perte annuelle actuelle, pour que l'on ait intérêt à ne pas maintenir la taxe au delà d'un temps donné.

Voici un tableau indiquant les résultats que nous avons obtenus :

Durée maximum que peut avoir le droit protecteur.	Rapport du bénéfice annuel à venir, à la perte annuelle qu'occasionne la taxe.
5 ans	0,28
10 ans	0.63
15 ans	1,08
20 ans	1,65
30 ans	3.32
50 ans	10.47
100 ans	130.50
200 ans	17.299.00

Il suffit, suivant nous, de jeter un coup d'œil sur ce tableau pour avoir une opinion sur la question des droits protecteurs.

b et a sont des quantités impossibles à connaître ; mais on sait parfaitement que les premières valeurs du rapport $\frac{b}{a}$ ont une *probabilité beaucoup plus grande* que les dernières.

Nous croyons donc que l'on est en droit de conclure de ce qui précède que les *droits protecteurs,* pour être utiles à une nation, ne doivent être établis que pour apprendre à marcher à des industries qui n'ont besoin, pour y arriver, que de *droits faibles et de courte durée.*

Or, l'expérience semble indiquer que, jusqu'à ce jour, de pareils droits ont été forts et se sont prolongés indéfiniment. *Au point de vue pratique,* les libres-échangistes ont donc raison.

Inutile de rappeler, en finissant, que nous ne parlons pas ici des droits de douanes considérés comme impôts.

DES MONOPOLES NATURELS.

On distingue généralement les *monopoles* (1) en *naturels* et en *artificiels*, ces derniers étant ceux qui sont le résultat de prescriptions législatives ou administratives faites en dehors du droit naturel.

Des monopoles artificiels. — Nous admettons, avec la plupart des économistes, que les monopoles artificiels sont contraires à la justice, nuisibles à la production des richesses, et qu'on ne doit y avoir recours que dans des cas exceptionnels.

Des monopoles naturels. — C'est exclusivement de la légitimité des monopoles naturels que nous voulons parler aujourd'hui. Quelques explications nous semblent nécessaires pour bien faire comprendre cette légitimité et pour en bien faire voir les limites.

Classification des monopoles naturels. — On peut partager les monopoles naturels en cinq classes :

1° Monopoles personnels, brevets d'invention ;

2° Monopoles provenant de la limitation des capitaux ;

3° Monopoles fortuits ;

4° Monopoles fonciers ;

5° Monopoles de concentration.

Des monopoles de concentration. — Parlons d'abord de ces derniers, dont nous n'avons qu'un mot à dire. Nous pensons, avec M. A. Clément (2), que l'autorité doit empêcher les grandes entreprises d'abuser de leur puissance, en ruinant les petits établissements rivaux par des réductions temporaires sur le prix des produits.

(1) Le mot Monopole reçoit, en économie politique, une acception beaucoup plus large que celle indiquée par son étymologie ; il ne s'applique pas seulement aux cas assez peu nombreux où la faculté de vendre est réservée à un seul, mais à toutes les situations où la production et la vente, sans être l'apanage exclusif d'un seul, n'admettent qu'une concurrence restreinte par des causes naturelles ou artificielles.

(2) Dict. d'Écon. pol. — T. II, p. 225.

Des monopoles personnels et des brevets d'invention. — Les monopoles personnels ont une légitimité parfaite. Ils résultent de ce que tout homme a, dans ses facultés, une propriété première que nul ne peut lui contester ; c'est là plus sacrée des propriétés, la mère de toutes (1).

Chaque inventeur ayant un droit naturel à profiter seul des résultats de sa découverte, si la société juge utile de laisser à tous ses membres la faculté d'user d'une découverte, elle doit à l'inventeur dépouillé le paiement du droit dont on l'exproprie. L'indemnité d'expropriation, payée ainsi, doit, pour être juste, n'être autre chose que l'*espérance mathématique* qu'avait l'inventeur relativement au profit qu'il pouvait tirer de son idée, dans l'hypothèse que la propriété lui en eût été garantie, à l'exclusion de tous les imitateurs. Cette *espérance* est la *somme des espérances* de l'inventeur pour tous les cas possibles ; cas où d'autres individus venant à avoir la même pensée seraient en droit de partager les bénéfices de l'invention, où quelques personnes lui achèteraient le droit d'exploiter son idée concurremment avec lui, etc., etc. (2).

L'indemnité pourra être donnée sous des formes diverses, de telle sorte, toutefois, que la valeur actuelle de toutes ces sommes payées soit la même. C'est ainsi que la loi pourra accorder à l'inventeur le droit exclusif d'exploiter son idée, *pendant un temps donné*, ce que l'on fait généralement ; elle pourra lui donner le droit exclusif d'exploiter son idée à perpétuité, dans une région *limitée et suffisamment restreinte ;* la loi devra, en un mot, toutes les fois que cela sera possible dans la pratique, accorder à l'inventeur une portion des bénéfices que lui procurerait la propriété de son idée, reconnue à l'exclusion des inventeurs à venir, portion convenablement limitée, suivant les chances que cette idée sera découverte par d'autres dans un avenir plus ou moins rapproché.

Des monopoles provenant de la limitation des capitaux. — Dans un pays où les institutions de crédit sont assez bien organisées pour que

(1) Nous supposons ici que l'instruction, *utile à la production des richesses*, est donnée gratuitement à tous, aux frais de l'Etat, comme nous avons eu déjà l'occasion de constater que cela devait être.

(2) Plusieurs économistes distingués ont défendu la propriété des inventions; citons en tête M. de Molinari. M. F. Passy semble disposé à se rallier à cette opinion, à la condition que l'on trouve les limites naturelles de ce droit.

les capitaux aillent naturellement là où ils seront le mieux exploités, les monopoles provenant de la limitation des capitaux ne sont que la conséquence forcée du droit de propriété, et n'ont rien que de très légitime. Il n'en serait pas de même dans une contrée où, faute de crédit, la possibilité de produire n'appartiendrait qu'à certains capitalistes ; mais, dans ce dernier cas même, l'Etat ne pourrait sans injustice empêcher le possesseur d'un capital de l'employer de la manière qui lui convient. Tout ce que l'Etat peut faire, c'est d'activer le développement des institutions de crédit.

Des monopoles fortuits. — Si l'on considère l'ensemble des richesses produites dans la société, on voit qu'en vertu d'une série de circonstances fortuites, c'est-à-dire impossibles à prévoir, de nombreux priviléges existent nécessairement dans les conditions de la production générale. Il n'y a certainement rien d'inique à tolérer que certains individus retirent de leur industrie beaucoup plus qu'un profit moyen, du moment qu'ils ont couru des risques de pertes ; mais il est, d'autre part, incontestablement plus juste et plus utile, pour la société, de réduire autant que possible la part aléatoire de toute industrie. En principe, il faudrait que chacun pût s'*assurer* contre tous les risques de pertes qu'il peut avoir dans son industrie *indépendants de lui-même*. L'assurance repose exclusivement sur ce principe, que la même somme d'argent (ou la même quantité de richesses) a une *valeur morale* (1) différente suivant la fortune totale de celui qui la possède, la même somme d'argent valant plus, alors qu'elle est destinée à procurer des choses plus nécessaires à la vie. Cette *valeur morale est impossible à jauger exactement,* comme l'a fort bien fait remarquer M. Baudrillart (2), et comme nous l'avons dit nous-même (3) ; mais il n'en est pas moins vrai qu'il est important de constater qu'elle existe, et l'*assurance qui y puise sa seule raison d'être* a une utilité incontestable. En pratique, la chose est fort difficile ; il existe des risques très grands et très fréquents contre lesquels nulle compagnie ne serait assez riche pour assurer. Il est cependant possible de concevoir des compagnies,

(1) La notion de la valeur morale a été établie par les plus grands mathématiciens, parmi lesquels on peut citer Laplace et Poisson.
(2) *Revue des Deux-Mondes*, nº du 15 novembre 1871, p. 356.
(3) *Journal des Économistes*, livraison de mars 1869, p. 398.

dans divers pays, s'assurant les unes les autres, et pouvant ainsi risquer de grandes opérations. L'Etat a pour devoir de favoriser le développement de tous les genres d'assurances; il peut même subventionner les compagnies qui les font, en les forçant à abaisser leurs tarifs. Il importe d'ailleurs de noter que bien des risques tendent à se répartir par portions égales entre tous les individus ou leurs descendants, dans un temps assez court pour que l'assurance contre de tels risques ait une importance minime.

Parmi les monopoles fortuits, l'un des plus importants a son origine dans la situation plus ou moins rapprochée des producteurs par rapport au marché, et les privilèges de situation ne tendent pas *naturellement* (1), avec le temps, à se répartir par portions égales entre tous (2). Il est incontestable que celui qui a choisi un emplacement pour y établir son industrie, parce qu'il avait prévu qu'il avait là plus de chances qu'autre part d'y faire des bénéfices, a un droit naturel à jouir *momentanément ou en partie* de son privilège; mais on conçoit, d'autre part, que la concession à perpétuité de l'emplacement qu'il a choisi peut devenir, en certains cas, un privilège très grand.

L'Etat a donc pour devoir de réduire les privilèges de situation à de justes proportions, en faisant en sorte que les communications entre tous les points du territoire soient *faciles et peu coûteuses.*

Les dépenses faites par l'Etat pour réduire les monopoles fortuits sont le complément forcé, pour être juste, de la confirmation légale du droit de propriété; elles doivent être supportées par chacun, non pas en raison du bénéfice qu'il en retire, mais conformément aux règles que nous avons données pour la répartition de l'impôt (3). Ces dépenses se trouvent d'ailleurs forcément restreintes. Il est, en effet, d'une très grande difficulté de répartir l'impôt suivant les règles de la justice, et l'on conçoit que, si l'on vient à établir de nouvelles taxes d'une répartition mauvaise, pour améliorer la distribution des richesses dans la société, on risque, pour remédier à un mal, d'en créer un plus grand.

(1) *Naturellement*, c'est-à-dire dans les pays où la main de l'homme n'a pas rendu les communications faciles.

(2) Les *monopoles* de situation ont un effet regrettable, surtout dans les campagnes : là, les effets de la concurrence étant peu sensibles, le commerçant peut vendre cher, sans crainte de perdre sa clientèle; là, le prêteur peut souvent exploiter l'emprunteur, et même s'enrichir à ses dépens.

(3) Voir *Journal des Économistes*, livraison de mars 1869.

Cette vérité est surtout incontestable dans un pays chargé d'impôts, comme la France depuis ses désastres.

Des monopoles fonciers. — Il nous paraît aisé de comprendre, d'après ce qui précède, que les monopoles fonciers sont de nature mixte, et rentrent dans les trois premières classes de ceux dont nous avons parlé. Ajoutons cependant qu'ils renferment un autre genre de monopoles, par suite de la limitation de l'espace sur cette terre. Le sol primitif, avant toute culture, indépendamment de toute valeur de situation, avant que des capitaux y aient été engagés, avait une valeur très minime ; cette valeur a augmenté à mesure que la population s'est accrue et que les terres ont été plus recherchées ; ce qu'il nous importe de constater, c'est qu'il n'y aurait rien eu que de très légitime dans une loi qui aurait cédé à un individu la propriété complète d'un lot de terre, en raison de l'idée qu'il avait eue de s'y installer préférablement, et moyennant l'abandon qu'il faisait de l'usufruit d'une portion inculte du sol beaucoup plus grande (1).

Des priviléges en général. — Du moment qu'il existe, dans la société, certains priviléges qui procurent des bénéfices trop élevés à ceux qui en jouissent, on peut se demander si le législateur n'a pas le droit de fixer des *prix maximum* pour limiter les effets de certains monopoles. Il nous paraît incontestable que la liberté des transactions donne habituellement la justice ; le législateur ne doit intervenir ici que, comme en droit commun, lorsque la liberté trop grande d'un individu nuit à l'exercice du même droit chez autrui. Remarquons toutefois que le droit qu'a le législateur de fixer des prix maximum, en certaines circonstances, n'implique nullement la nécessité pour lui de les établir ; c'est qu'en pratique ces taxes ont eu souvent des effets tout autres que ceux que l'on en attendait (2).

Notons, en finissant, que si le vol et la fraude ont malheureusement créé trop souvent des priviléges, ce n'est pas au principe de la propriété que l'on doit s'en prendre. Beaucoup de priviléges, indûment conquis,

(1) On explique également la justice de l'appropriation du sol en admettant un droit naturel de propriété d'un peuple sur les terres qu'il occupe, et en supposant que les terres ont été adjugées à chacun, en raison de services rendus par lui à l'État. Mais n'oublions pas que de toutes les raisons que l'on peut donner pour justifier la propriété foncière, la meilleure c'est que lorsque la terre n'est à personne, elle ne produit rien, ainsi que l'a dit J.-B. Say.

(2) Voir dans le Dict. d'Écon. pol. l'article Maximum, par M. Joseph Garnier.

ont été d'ailleurs transmis à des acquéreurs qui les ont payés de leurs deniers honnêtement acquis, et qui en sont devenus légitimes propriétaires.

Nous sommes amené à conclure que les privilèges naturels existants dans la société actuelle n'ont rien d'*illégitime*, et que, *pour plus de justice et dans l'intérêt général*, le devoir de l'État est de favoriser, autant que cela est en son pouvoir, le développement des compagnies d'assurance et des institutions de crédit, de faciliter les communications, enfin d'améliorer l'assiette de l'impôt, en choisissant le moment le plus opportun pour accompir cette grande tâche.

DE LA LIBERTÉ DU TRAVAIL.

Parmi les principes fondamentaux de l'économie politique, on peut considérer que celui de la liberté du travail est l'un des plus importants, qui résume à peu près, à lui seul, toute la science. C'est à Turgot que remonte la proclamation de ce principe. Ce grand homme, frappé du mal fait à l'industrie par les maîtrises et jurandes, fit tous ses efforts pour faire prévaloir le régime de la liberté.

Il semblerait donc résulter de l'expérience du passé que ce principe est au-dessus de toute contestation (1); certaines écoles socialistes, cependant, ayant prétendu qu'il fallait organiser le travail, et soutenant que le mal provenait, dans le passé, d'une mauvaise organisation, nous croyons qu'il peut être intéressant de chercher succinctement les conséquences mathématiques des deux principes, celui de la liberté et celui de la réglementation, au point de vue de la production des richesses (2).

Il nous paraît d'abord hors de doute que si la réglementation était générale, on retomberait dans un cas tout à fait analogue à ce qui existait sous l'ancien régime. Il résulte, en effet, de la nature des choses que tous les produits nouveaux, naissant tous les jours et non compris dans la classification réglementaire, ne pourraient être créés qu'avec d'immenses difficultés, par suite des règlements concernant les diverses industries voisines de la nouvelle.

Nous ne nous occuperons ici que de voir quel accroissement de richesses peut espérer la nation, par suite de perfectionnements

(1) Charles Dunoyer a soutenu avec talent la thèse que, dans le passé, le travail a toujours été d'autant plus productif qu'il était plus libre.

(2) Nous ne parlons ici de la liberté du travail qu'au point de vue de ses effets quant à la production des richesses.

Inutile d'ajouter que la liberté est un droit naturel et que la loi peut seule en préciser les limites, dans l'intérêt de tous, pour forcer chacun à respecter les droits des autres.

apportés dans une industrie déterminée, soit sous le régime de la réglementation, soit sous celui de la liberté.

Pour cela, nous considérerons deux groupes d'industriels pratiquant le même genre d'industrie *et ayant une situation de départ tout à fait semblable;* mais nous supposerons que, dans l'un des groupes, un règlement rédigé par une autorité supérieure prescrit le mode de fabrication, tandis que, dans le second groupe, nous supposerons que chacun travaille avec la plus entière liberté, et nous allons chercher les *espérances mathématiques* de chacun des groupes, en supposant qu'il existe seul.

Soit n le nombre des individus de chacun de ces deux groupes (chaque individu pouvant être une association de personnes soumises à une même volonté);

Soit P la probabilité qu'un perfectionnement déterminé sera adopté par le premier groupe;

Soient $p_1\ p_2\ p_3\ \ldots\ldots\ p_n$ les *probabilités* respectives que chaque individu du second groupe, pris en particulier, découvrira et pratiquera le même perfectionnement, ou tout perfectionnement devant rapporter un bénéfice équivalent; soit A le bénéfice que chacun des groupes retirerait du perfectionnement, s'il était pratiqué par tous.

L'*espérance mathématique* du premier groupe (que nous appellerons X_1) sera :

$$X_1 = A.\,P$$

Quant à l'*espérance mathématique* du second groupe (que nous appellerons X_2), elle ne peut s'obtenir qu'au moyen d'une formule très compliquée, et dont la comparaison avec l'*espérance* du premier groupe donne des résultats qui ne sont pas suffisamment clairs. Mais on arrive à la solution du *problème économique* en question, en comparant successivement à X_1 les valeurs *de l'espérance* du second groupe : 1° dans le cas où il y a certitude que, si l'un des individus de ce groupe invente et pratique le perfectionnement en question, les autres l'imiteront; 2° dans le cas où un individu ou plusieurs ayant inventé et pratiquant le perfectionnement, personne ne copiera.

Dans le cas où tous les individus du second groupe viendraient à pratiquer le perfectionnement *par invention ou par copie,* on aura pour la valeur de X_2 :

$$X_2 = A.\,[1 - (1 - p_1)\,(1 - p_2)\,(1 - p_3)\,\ldots\ldots\,(1 - p_n)]$$

Dans le second cas, on obtiendrait *l'espérance* cherchée en prenant la somme des produits des quantités $\frac{A}{n}$, $2\frac{A}{n}$, $3\frac{A}{n}$..... et A par les probabilités que un individu, deux individus, trois individus, etc..... et n individus trouveraient et pratiqueraient à la fois le procédé autrement que par copie.

Ce qui donnera pour X_2 :
la quantité

$$\frac{A}{n}(1-p_1)(1-p_2)(1-p_3)\ldots\ldots(1-p_n)$$

multipliée par la somme des quantités

$$\left(\frac{p_1}{1-p_1}+\frac{p_2}{1-p_2}+\frac{p_3}{1-p_3}+\ldots\ldots \text{etc....}+\frac{p_n}{1-p_n}\right)$$

$$+2\left(\frac{p_1 p_2}{(1-p_1)(1-p_2)}+\frac{p_1 p_3}{(1-p_1)(1-p_3)}+\ldots\ldots\ldots\right.$$

$$\left.+\frac{p_2 p_3}{(1-p_2)(1-p_3)}+\ldots\ldots\ldots+\frac{p_{n-1} p_n}{(1-p_{n-1})(1-p_n)}\right)$$

$$+3\left(\frac{p_1 p_2 p_3}{(1-p_1)(1-p_2)(1-p_3)}+\ldots\ldots\ldots\right.$$

$$+ \text{etc.........}$$

$$+k\left(\frac{p_1 p_2 p_3 \ldots\ldots p_k}{(1-p_1)(1-p_2)(1-p_3)\ldots\ldots(1-p_k)}\ldots\ldots\ldots\ldots\right.$$

$$\left.+\frac{p_2 p_3 \ldots\ldots p_{k+1}}{(1-p_2)(1-p_3)\ldots\ldots(1-p_{k+1})}+\ldots\ldots\ldots \text{etc.......}\right)$$

$$+ \text{etc.........}$$

$$+n\frac{p_1 p_2 \ldots\ldots p_n}{(1-p_1)(1-p_2)\ldots\ldots(1-p_n)}$$

Formule dans laquelle on peut s'assurer que la somme des coefficients de $\frac{A}{n}$, $2\frac{A}{n}$, $3\frac{A}{n}$, ... $n-1\frac{A}{n}$ et A est égale à

$$1-(1-p_1)(1-p_2)(1-p_3)\ldots\ldots\ldots(1-p_n)$$

ainsi que cela devait être, puisque la somme des *probabilités* que un individu, deux individus, ... n individus inventeront est égale à la *probabilité* que *un au moins* inventera.

Dans le premier cas, $\frac{X_2}{X_1}$ très grand par rapport à 1 ;

Dans le deuxième cas, $\frac{X_2}{X_1}$ plus petit que 1.

Mais, en réalité, le second cas ne se présentera presque jamais ; si un ou plusieurs individus du second groupe venaient à pratiquer *un perfectionnement sérieux par invention,* leurs concurrents, s'ils ne les copiaient pas, perdraient peu à peu leur clientèle, pourvu que les inventeurs eussent des capitaux suffisants. Ces derniers finiraient alors par réaliser, à eux tout seuls, le même bénéfice qu'eussent réalisé tous les individus du groupe réunis si le procédé eût été copié.

Il résulte de ce qui précède que, dans un pays où les communications seraient parfaites, où l'instruction serait très répandue, où la facilité de copie ne trouverait pas d'obstacles (1), il y aurait généralement *un avantage considérable* à établir le régime de la liberté ; ce n'est qu'exceptionnellement qu'il pourrait y avoir *momentanément* intérêt à mettre un homme de génie à la tête d'une industrie ; mais, en pratique, on ne peut pas, à moins de folie, faire une législation reposant sur de semblables hypothèses (2).

Dans un pays où les conditions que nous venons d'indiquer seraient moins parfaitement remplies, l'avantage serait moindre ; mais il existerait presque toujours, et ce ne serait que tout à fait exceptionnellement que les deux groupes arriveraient à réaliser un même bénéfice.

Il importe de remarquer qu'une autre cause tend à diminuer l'*espérance mathématique* du second groupe : c'est que, par suite des brevets accordés ou par suite de la lenteur avec laquelle toute découverte se propage, il y aura toujours divers bénéfices qui mettront un certain temps à se réaliser pour le second groupe et qui se seraient réalisés immédiatement dans le premier. Or, toute valeur à venir vaut moins qu'une valeur échue.

Nous avons supposé dans ce qui précède que la plupart des quantités p_1 p_2 .... p_n ne sont guère inférieures à P ; cette hypothèse se trouvera presque toujours réalisée dans *la petite industrie,* mais il est évident que, s'il s'agissait d'une découverte scientifique proprement

(1) Si la *justice* exige que la loi reconnaisse à chacun le droit de profiter du fruit de son invention, il est très important, *au point de vue de la production des richesses,* que (le profit accordé à l'inventeur étant suffisant pour déterminer la découverte) les procédés nouveaux de fabrication puissent tomber dans le domaine public aussi promptement que possible.

(2) Il pourra se faire, toutefois, que certaines industries exceptionnelles, qui sont dangereuses à un point de vue quelconque, ne puissent être exercées que par certaines personnes présentant des garanties particulières.

dite et non plus de l'application d'une découverte de cette espèce à un progrès industriel, P pourrait être très grand par rapport à p_1 p_2 .... p_n, et X_1 se trouverait généralement très supérieur à X_2.

Un fait analogue pourra se produire encore si l'on considère une industrie exigeant le travail réuni d'un grand nombre d'hommes, dans une usine, par exemple ; il est évident que, dans ce cas, tous les ouvriers (fussent-ils librement associés) doivent obéir aux ordres de l'ingénieur, qui seul a l'instruction nécessaire pour diriger l'ensemble des opérations.

Constatons en finissant que, dans la pratique, et particulièrement en France, les conditions nécessaires du régime de la liberté sont toujours suffisamment remplies pour que l'on ait un grand intérêt à le conserver. La création de grandes usines ne saurait rien prouver contre ce régime ; ce nouvel état de l'industrie peut tendre seulement à remplacer de plus en plus la concurrence entre individus par la concurrence entre associations soumises au régime de la réglementation dans leur sein (1).

(1) M. de Molinari suppose que la grande industrie tend à remplacer la petite ; nous partageons son opinion.

DU POUVOIR DE LA MONNAIE.

I. DE LA DÉTERMINATION DU POUVOIR ACQUÉREUR DE LA MONNAIE.

J.-B. Say fait remarquer que, lorsqu'on évalue en monnaies de notre temps les sommes dont il est fait mention dans l'histoire, on se contente habituellement de réduire en monnaie courante la quotité d'or ou d'argent contenue dans la somme ancienne. « Cela donne, dit-il, une idée très fausse de la valeur de cette somme. » Il pense que, la valeur du blé ayant beaucoup moins varié que celle de toute autre marchandise, il faut, pour avoir une idée juste d'une somme ancienne, rechercher ce qu'elle pouvait acheter de blé (1).

L'observation de J.-B. Say nous paraît présenter l'inconvénient de supposer qu'il existe une *valeur absolue* des choses et que cette valeur absolue a moins varié pour le blé que pour les autres marchandises.

Ce qu'il importe de connaître, c'est la quantité d'or ou d'argent susceptible de procurer des jouissances égales aux deux époques.

La plupart des produits de l'industrie actuelle étant inconnus autrefois, il est évident que l'on ne pourra habituellement comparer que les quantités des objets les plus indispensables à la vie qu'un égal poids du même métal précieux eût données aux deux époques.

M. Leber a, par de savantes recherches (2), trouvé ainsi le *pouvoir* de l'argent à différentes époques du moyen âge ; mais il n'a déterminé ce *pouvoir* que lorsque les prix des divers objets avaient varié dans une *même proportion*, ce qui n'est qu'un cas particulier du problème.

Nous nous proposons ici de comparer les *pouvoirs* d'un même poids de métal précieux (or ou argent) à deux époques différentes, ou en deux lieux distincts où tous les produits importants servant à la vie sont les mêmes.

Nous remarquerons d'abord qu'il y a lieu, comme l'a fait M. Leber,

(1) J.-B. Say. *Traité d'Économie politique*, liv. I, ch. XXVIII.
(2) Leber. *Essai sur l'appréciation de la fortune privée au moyen âge*.

de diviser la société en classes distinctes, suivant la nature des produits qu'elles consomment.

Soient $a_1 \, a_2 \, a_3 \, \ldots\ldots\ldots \, a_{n-1} \, a_n$

les prix, exprimés en kilogrammes du métal précieux, des unités des produits (1) (2) (3) .... $(n-1)$ (n) à une époque déterminée ou en un lieu désigné ;

soient $b_1 \, b_2 \, b_3 \, \ldots\ldots\ldots \, b_{n-1} \, b_n$

les prix des unités des mêmes produits à une autre époque ou en un autre lieu ;

soient $p_1 \, p_2 \, p_3 \, \ldots\ldots\ldots \, p_{n-1} \, p_n$

les quantités des mêmes produits qui sont *moyennement* consommés par une famille dans les deux cas, pendant un certain temps pris pour unité, un an, par exemple.

Les classes de la société qui, dans les deux cas, consommeront les mêmes produits et dans une égale proportion, pourront n'être pas les mêmes.

La quantité de métal précieux nécessaire, dans le premier cas, pour acheter les consommations faites dans l'unité de temps sera :

$$p_1 a_1 + p_2 a_2 + p_3 a_3 + \ldots\ldots\ldots p_n a_n$$

Pour acheter les mêmes objets, dans le second cas, il eût fallu une quantité du même métal représentée par

$$p_1 b_1 + p_2 b_2 + p_3 b_3 + \ldots\ldots\ldots p_n b_n$$

Si nous désignons par X_1 le *pouvoir* du métal dans le premier cas, et par X_2 le même pouvoir dans le second cas, (pour deux familles qu'on suppose faire les mêmes consommations dans les deux cas) l'on aura :

$$\frac{X_2}{X_1} = \frac{p_1 a_1 + p_2 a_2 + p_3 a_3 + \ldots + p_n a_n}{p_1 b_1 + p_2 b_2 + p_3 b_3 + \ldots + p_n b_n}$$

Si l'on suppose, dans cette formule,

$$\frac{b_1}{a_1} = \frac{b_2}{a_2} = \ldots = \frac{b_n}{a_n}$$

Elle deviendra :

$$\frac{X_2}{X_1} = \frac{a_1}{b_1} = \frac{a_2}{b_2} \ldots = \frac{a_n}{b_n}$$

C'est seulement dans ce cas particulier que M. Leber a déterminé les *pouvoirs* acquéreurs de l'argent.

Nous avons supposé dans ce qui précède que l'on recherchait les quantités d'une même monnaie nécessaire pour acheter les *mêmes objets* à deux *époques différentes* ou en deux lieux distincts.

Nous remarquerons qu'en principe il suffirait, au lieu de comparer des objets *identiques*, de comparer des objets rapportant des *jouissances équivalentes*, ce qui est impossible à déterminer en réalité.

En pratique, et lorsque les objets consommés ne sont pas identiques, on doit se borner à comparer les quantités d'une même monnaie nécessaires pour acquérir, dans les deux cas, les consommations *moyennes* annuelles d'une famille vivant d'une manière analogue.

II. DU DEGRÉ DE STABILITÉ DE POUVOIR ACQUÉREUR DE LA MONNAIE.

De l'importance de la stabilité du pouvoir acquéreur de la monnaie. — Quelle que soit la monnaie employée pour les échanges, on conçoit qu'il est de la plus haute importance que sa valeur varie le moins possible ; dans un grand nombre de contrats, en effet, le prix de la marchandise livrée n'est payable qu'au bout d'un certain temps, quelquefois très long ; or, celui qui doit recevoir une certaine quantité d'or ou d'argent se trouverait lésé si les métaux précieux avaient perdu suffisamment de leur valeur entre l'époque du contrat et celle du paiement.

Au point de vue économique, le législateur semble donc devoir choisir entre toutes les monnaies celle qui présente le plus de chances de stabilité.

Deux causes principales tendent à déprécier la valeur de la monnaie, les transactions étant supposées les mêmes :

1° L'augmentation de la production des mines ;

2° L'emploi de plus en plus considérable des signes représentatifs de la monnaie, papiers de banque, etc.

Nous résumerons ici *très succinctement* les avantages ou inconvénients que présentent, au point de vue de la stabilité du pouvoir acquéreur de la monnaie :

1° Le système monétaire des deux étalons comparé à celui de l'étalon unique ;

2° Le système de la liberté des banques d'émission comparé au système d'une banque unique ayant le monopole de l'émission des billets.

Des systèmes des deux étalons et de l'étalon unique, au point de vue de la stabilité du pouvoir acquéreur de la monnaie. — Toutes les fois que deux individus *également libres* rédigent un contrat, ils doivent avoir incontestablement le droit de stipuler en quelle monnaie le débiteur paiera le créancier. Tout ce qu'ils peuvent exiger, c'est que la monnaie n'ait pas de *variations de valeur trop brusques* qui puissent être complétement imprévues. Nous n'avons à nous occuper ici que du cas où le mode de paiement n'étant pas déterminé, le débiteur se libère au moyen de la monnaie qu'il lui plaît de choisir.

M. Wolowski fait remarquer que, dans ce cas, le régime du double étalon donne à la monnaie un pouvoir plus stable que celui de l'étalon unique. Le débiteur, en effet, cherche, dit-il, à se libérer au moyen du métal le plus déprécié ; il en résulte que ce métal est plus demandé et que l'autre l'est moins, ce qui tend à rapprocher la valeur des deux monnaies (1).

M. Hippolyte Passy pense qu'il est possible que le fait se produise *dans une certaine mesure et pendant quelque temps;* mais le métal valant le plus se retirera de la circulation, et ceux qui en sont possesseurs se hâteront de réaliser les bénéfices assurés à l'exportation, la conversion en lingots ou en articles de consommation. Ainsi, le métal le plus déprécié restera à peu près tout seul pour faire l'office de monnaie (2)

Quant à nous, il nous semble, conformément à l'avis de plusieurs hommes éminents, que le pouvoir acquéreur de la monnaie ne présente pas plus de garantie de stabilité sous un de ces régimes que sous l'autre.

Du système de la liberté des banques au point de vue de la stabilité du pouvoir acquéreur de la monnaie. — Nous avons eu l'occasion de démontrer *mathématiquement* que, dans toutes les questions où un certain nombre d'individus sont capables de faire une découverte, le système de la liberté du travail est bien supérieur à celui des privilèges. Un raisonnement tout à fait analogue nous amènerait à conclure que, dans tous les pays où il y a une instruction économique, où il existe un nombre suffisant d'individus capables de diriger des banques, par leur savoir et par leur moralité, le régime de la liberté donne plus de stabilité à la valeur du pouvoir acquéreur de la monnaie. Il n'en est plus de même dans les pays où il n'y a pas suffisamment de gens

(1) *Journal des Économistes*, juin 1867, p. 434.
(2) *Journal des Économistes*, janvier 1869, p. 153.

capables de diriger de telles entreprises et où les populations sont ignorantes, inexpérimentées, faciles à duper.

Ce qui précède semble conduire à des conclusions qui sont d'accord avec celles de M. Horn, dans son livre sur la liberté des banques.

Des moyens de remédier au défaut de stabilité du pouvoir acquéreur des monnaies. — Toutes les fois qu'un individu est tenu de payer, à une époque déterminée, une certaine somme en une monnaie dont l'espèce a été *fixée à l'avance,* la loi n'a pas à intervenir dans ce marché conclu *librement.* Il en est ainsi lorsqu'un seul métal est employé comme monnaie ou lorsque, les deux métaux étant employés, l'argent n'a cours forcé que pour les appoints. Si l'on suppose, au contraire, l'usage simultané des deux métaux en proportions non limitées, la loi doit obvier à l'inconvénient qui peut résulter de l'emploi de la monnaie la plus dépréciée pour les paiements.

A cet effet, elle pourrait, dans ce cas, forcer les parties contractantes à stipuler les sommes dues en poids d'or ou d'argent, ce qu'il lui est facile de faire en remplaçant les pièces de monnaie actuelles par d'autres portant simplement la mention du poids du métal. Le rapport de la valeur des deux métaux serait alors fixé officiellement, à des époques régulières, ainsi que l'a proposé M. Joseph Garnier en demandant la création de semblables pièces.

A défaut de monnaies de cette espèce, et dans le cas de l'emploi simultané des monnaies actuelles d'or ou d'argent, il nous paraît juste que la loi prescrive, en cas de contestation, l'obligation pour le débiteur de se libérer en payant moitié de la somme en or, et moitié en argent.

DE LA

MÉTHODE EN ÉCONOMIE POLITIQUE.

La méthode pour découvrir la vérité en économie politique est la même que dans toutes les sciences d'observation. Elle consiste à :

1° Observer certains faits ;

2° Les relier par une hypothèse, de manière à formuler une loi expérimentale ;

3° Déduire toutes les conséquences logiques de la loi obtenue ;

4° Vérifier par de nouvelles observations les conséquences auxquelles on est ainsi parvenu ;

5° Enfin, modifier l'hypothèse primitive, de manière à comprendre dans la loi expérimentale les conséquences non vérifiées de la loi primitivement formulée.

Cette méthode est donc forcément *inductive* et *déductive* tout à la fois.

L'économie politique ayant pour but une étude concernant l'homme semble rentrer dans le domaine des *sciences naturelles* (zoologie) ; mais l'homme étant un être supérieur dans la création, obéissant à des lois morales, il s'ensuit que cette science doit se rattacher à deux catégories de sciences distinctes : *Sciences naturelles* et *Sciences morales.*

En vain quelques auteurs ont-ils prétendu que l'homme pouvant varier sa façon d'agir, en vertu de son *libre arbitre,* on ne pouvait formuler aucune loi scientifique concernant ses actes. Il nous semble, au contraire, incontestable que l'homme veut forcément, par sa nature, rechercher le bonheur et qu'il obéit à certaines *lois constantes,* aussi bien dans l'ordre moral que dans l'ordre naturel.

Mais les lois ne peuvent reposer que sur les caractères communs à tous les hommes ; de là la nécessité de prendre pour objet d'étude cet être idéal qu'on appelle l'*homme moyen.*

C'est l'*Être moyen* que décrit le naturaliste étudiant un animal ou un végétal.

Voyons donc comment, par l'étude de l'*homme moyen*, on peut arriver le plus sûrement à découvrir suivant quelles lois les richesses naissent et doivent être distribuées dans la société.

I. DE LA RECHERCHE DES PREMIERS PRINCIPES DE L'ÉCONOMIE POLITIQUE.

Les premiers principes de l'économie politique relèvent les caractères communs à l'humanité, quant à la production des richesses. Tels sont les principes de la *division du travail*, de l'*utilité des capitaux* et de l'*intérêt privé*.

Remarquons que le principe de l'intérêt privé ne s'applique pas exclusivement à la recherche des jouissances matérielles, mais encore à la recherche des jouissances morales que préfèrent quelques natures d'élite. Il en résulte que l'homme moyen cherche à se procurer le *maximum* de richesses, moyennant le *minimum* de sacrifices, tout en respectant certains principes de morale plus ou moins rigoureux, suivant les temps et les lieux.

L'économiste devra, dans l'étude de la science pure, supposer que le principe de l'intérêt privé existe chez l'*homme moyen* dans tout ce qu'il y a de compatible avec la morale.

A côté de ces principes expérimentaux viennent se placer certains droits d'un ordre moral, la *liberté du travail*, par exemple, que l'expérience semble indiquer comme favorable à la production des richesses.

Tous ces principes doivent servir de base à la science de la richesse des nations ; ils tendent à rendre le plus grand possible le bonheur de l'humanité.

II. DES CONSÉQUENCES DES PREMIERS PRINCIPES DE L'ÉCONOMIE POLITIQUE ET DE L'EMPLOI DE LA MÉTHODE MATHÉMATIQUE.

Ces principes étant admis, les conséquences en sont forcées : la théorie de la valeur, la loi suivant laquelle se répartissent les richesses, en moyenne, dans la société, semblent donc être des *lois mathématiques*. Mais, si l'on remarque que parmi les forces dont il s'agit d'étudier ici les effets, il existe des *forces morales*, dont les unes sont constantes, tandis que d'autres varient avec le temps, même chez l'homme moyen (et quelquefois brusquement), on est amené à conclure que toutes les fois que les forces en question cessent de varier d'une manière *continue*, la méthode mathématique n'est plus applicable ; c'est ce qu'elle indique elle-même, toutes les *fonctions* devenant, dans ce cas, *discontinues*.

Il importe de constater ici que non seulement certains caractères essentiels sont permanents chez l'homme, mais que même les simples habitudes de l'*homme moyen* sont généralement constantes ou qu'elles varient par gradations insensibles ; c'est exceptionnellement qu'elles varient brusquement.

Figurons-nous, par exemple, dans l'ordre économique ce qui arriverait si l'*homme moyen* n'avait pas des consommations annuelles généralement constantes ou variant d'une façon continue ; vous verriez, à chaque instant, des catégories entières d'industriels ou de commerçants faire faillite, leurs produits ne se vendant plus ; l'Etat, d'autre part, serait exposé à ne rien recouvrer, certaines années, sur divers impôts indirects portés au budget.

Notons que même pour les objets d'usuelle consommation, pour la nourriture, par exemple, *le libre arbitre de l'homme est fort limité*. Sa nature exige qu'il cherche à absorber à peu près exclusivement certaines quantités de *carbone*, d'*hydrogène*, d'*oxygène* et d'*azote*.

On comprend donc comment il se peut que les actes de l'*homme moyen* puissent être soumis à des *lois constantes, parfois mathématiques*.

Nier l'existence de pareilles lois serait nier l'existence d'une science sociale.

Il semble, en un mot, que si l'homme a son libre arbitre dans bien des cas, il n'est, dans bien des actes essentiels de la vie, qu'un instrument dans la main de Dieu qui le conduit, par une loi immuable, vers une fin inconnue.

L'*homme moyen* se meut alors comme le centre de gravité d'un système de points matériels soumis à des forces intérieures et extérieures ; le mouvement de ce point est le même que si, les forces intérieures n'existant pas, toutes les forces extérieures y étaient transportées.

Telles sont les considérations qui expliquent comment on est amené à l'emploi de la méthode mathématique en économie politique.

Un grand nombre de savants reconnaissent aujourd'hui la nécessité d'avoir recours à cette méthode (1).

III. DE LA CONFIRMATION EXPÉRIMENTALE DES PREMIERS PRINCIPES DE L'ÉCONOMIE POLITIQUE ET DE SES CONSÉQUENCES.

Nous avons dit qu'il existait certains caractères que l'on peut remarquer chez l'homme en tout temps et en tout lieu, et qui, observés directement, forment la base de la science.

Ces principes étant posés et leurs conséquences étant déduites, l'économiste doit chercher à profiter de l'expérience du passé pour contrôler les résultats obtenus. Telle est la tâche de la méthode historique, dont l'utilité est incontestable.

L'économiste devra, d'autre part, par de nouvelles observations sur les caractères généraux de l'humanité, rechercher quels sont les principes qui ne sont pas aussi absolus qu'ils semblaient l'être.

Il devra encore faire voir, ainsi que l'ont fait plusieurs auteurs éminents (2), que les principes qui tendent le plus à développer la richesse des nations sont conformes à la morale.

Si l'on remarque enfin que certains caractères importants de l'*homme moyen* ne sont pas, en réalité, communs à toute l'humanité, et qu'ils n'ont chez lui qu'un degré de *probabilité* plus ou moins grand, l'on est amené à conclure qu'il ne suffit pas de rendre équitables les *effets moyens* de la répartition des richesses ; il faut encore que, pour chacun, l'écart entre le profit réel et le profit moyen soit dû à des causes justes, ou que cet écart ne soit qu'une fraction minime du profit moyen. C'est seulement lorsqu'on sera arrivé à ce résultat que l'on pourra affirmer que les bases sur lesquelles repose la société sont incontestablement bonnes.

Si l'on résume tout ce que nous venons de dire sur les moyens de

(1) Citons particulièrement : MM. Cournot, Walras et Du Mesnil Marigny, en France ; MM. Stanley Jevons et Macleod, en Angleterre ; MM. de Thunen, Wolkoff et bien d'autres que nous ne connaissons que de nom.

M. Joseph Garnier, tout en admettant que les formules mathématiques ne peuvent être employées que fort rarement en économie politique, reconnaît cependant que toutes les méthodes sont bonnes pour arriver à la vérité. (*Traité d'Économie polit.*, 8e édit., p. 737.)

(2) Citons en tête M. Baudrillart.

fonder une science économique indiscutable, on voit que cette science repose sur la connaissance d'autres sciences tellement variées, que l'on peut dire avec M. Stanley Jevons que l'économie politique, à l'avenir, devra être considérée comme un agrégat de sciences (1).

IV. DES CAUSES D'ERREURS DANS L'OBSERVATION DES PRINCIPES FONDAMENTAUX DE L'ÉCONOMIE POLITIQUE ET DES SCIENCES SOCIALES EN GÉNÉRAL.

L'observation de principes expérimentaux qui ne sont pas *absolus*, et *qui n'ont qu'une probabilité plus ou moins grande*, rend très difficile, souvent impossible, la *certitude* dans les vérités que comprennent les sciences sociales. Bon nombre de principes, dans ces sciences, n'ont qu'une *probabilité* suffisante pour que le législateur doive en tenir compte. On comprend, par suite, comment les hommes aveuglés par leurs intérêts peuvent se faire d'étranges illusions sur les valeurs de *probabilité* impossibles à jauger, et comment ils peuvent soutenir, de bonne foi, des principes contradictoires, en étant tous quelquefois dans l'erreur.

C'est seulement dans les temps calmes, par des études approfondies et par l'emploi simultané de toutes les méthodes que nous avons dites, que le philosophe peut arriver à fonder sur des bases indiscutables les vrais principes de la science.

(1) M. W. Stanley Jevons. Le passé et l'avenir de l'économie politique (*Journal des Économistes*, mars 1877, p. 337).

DE LA LIMITE
DES
ATTRIBUTIONS DE L'ÉTAT
DANS L'ORDRE ÉCONOMIQUE (1).

Nous avons eu déjà l'occasion de dire que l'Etat a pour mission essentielle, *à l'intérieur,* de garantir à chacun sa liberté et sa propriété; il doit, autant que possible, *assurer* chacun contre les *risques d'attaques injustes* que celui-ci peut courir.

Les attributions de l'Etat sont donc principalement celles d'une Compagnie d'assurances.

La société diffère toutefois des Compagnies d'assurances en deux points essentiels :

1° Elle ne doit faire que les assurances que l'industrie privée ne saurait entreprendre, et particulièrement celles qu'il y a utilité de rendre obligatoires;

2° La société a pour tâche de prévenir, autant que possible, tous les sinistres ou accidents, mais elle n'indemnise pas les assurés, quand il en arrive (2).

Les Compagnies d'assurances, au contraire, se bornent à indemniser les victimes, sans s'occuper de prévenir le danger qu'elles sont presque toujours impuissantes à empêcher.

Nous croyons devoir examiner ici, en quelques mots, suivant quels principes la loi doit limiter la liberté de chacun pour établir le respect de la justice.

Nous verrons ensuite si, dans certains cas, l'Etat ayant été impuissant

(1) Note inédite.

(2) Il importe de rappeler ici que, pour prévenir les attaques contre les personnes et les propriétés, la société peut trouver plus économique soit d'améliorer les mœurs par la culture de l'esprit, en favorisant les lettres, les sciences et les arts, soit de perfectionner les communications, etc., dépenses qui contribuent indirectement à la protection sociale.

à remplir sa tâche doit des indemnités aux personnes lésées soit par des faits qualifiés crimes ou délits, soit par des actes de l'administration exécutés dans l'intérêt général.

De l'intervention de l'Etat dans les transactions privées. — Nous avons constaté, dans notre article sur les *monopoles naturels*, que la loi a généralement le droit d'intervenir dans les transactions privées lorsque l'une des parties contractantes jouit d'un *monopole* ou d'un *privilège*.

Il importe, en conséquence, de ne pas oublier que l'Etat doit donner gratuitement à tous l'instruction, en ce qu'elle a d'utile pour la production des richesses (1).

Ajoutons à ce que nous avons dit précédemment qu'il doit, par l'instruction professionnelle multiple, faciliter à chacun le passage d'un métier dans un autre, afin de répartir équitablement les bénéfices entre toutes les industries et afin de diminuer les chômages.

Parmi les diverses transactions sociales, la fixation des salaires est une de celles où divers écrivains voudraient voir intervenir l'Etat. Nous pensons que leur opinion est mal fondée.

Le seul argument que l'on puisse généralement faire valoir en faveur de cette thèse, c'est que, le salarié n'étant pas libre d'attendre comme le capitaliste, est obligé de supporter les conditions de ce dernier.

Il nous semble que les salariés peuvent remédier à ce mal en s'assurant les uns les autres contre le chômage.

L'Etat, pour sa part, ainsi que nous l'avons dit, n'a pas à se faire assureur toutes les fois que l'industrie privée sait remplir cette tâche. Il peut simplement favoriser le développement des Compagnies d'assurances. Il doit, d'un autre côté, veiller, par mesure d'ordre public, à ce que, dans les grèves, chacun puisse agir de sa propre initiative et sans aucune pression (2).

Des indemnités dues par l'Etat pour remédier aux dommages causés soit par des actes de l'administration, soit par des faits qualifiés crimes ou délits. — Nous nous demandons actuellement si la société ne doit pas indemniser les citoyens des dommages importants dont elle n'a pas

(1) Voir notre article concernant l'*Impôt sur le revenu du travail et sur le revenu du capital.*

(2) Malheureusement cette condition n'est presque jamais remplie dans la pratique.

su les garantir ou qu'elle leur a causés volontairement dans l'intérêt public.

L'indemnité pour dommages causés par l'administration est admise, croyons-nous, dans tous les pays. Quant à celle qui pourrait être due pour dommages causés par crimes et délits, il semble incontestable que cette indemnité aurait sa raison d'être *en principe ;* mais, en pratique, nous sommes obligé de reconnaître qu'il serait généralement impossible de constater le dommage causé. Il importe de noter, en effet, que, dans une répartition d'indemnités, il se produirait forcément un grand nombre d'iniquités, même involontairement et sans aucun esprit de favoritisme. Beaucoup d'individus, en effet, réclameraient des indemnités très supérieures aux dommages éprouvés.

Rappelons, d'autre part, que la société ne peut rien payer qu'au moyen de l'impôt ; que, dans un pays surchargé de taxes, elles sont de plus en plus mal réparties au fur et à mesure que leur montant augmente ; et que l'Etat, pour remédier à certains maux, serait exposé à en créer de plus grands. C'est donc avec raison, nous paraît-il, du moins *au point de vue de la pratique,* que les économistes prétendent que l'Etat ne doit intervenir que tout à fait exceptionnellement dans la distribution des richesses.

TABLE DES MATIÈRES.

VESOUL, TYPOGRAPHIE DE A. SUCHAUX.

www.ingramcontent.com/pod-product-compliance
Ingram Content Group UK Ltd.
Pitfield, Milton Keynes, MK11 3LW, UK
UKHW020212200726
13856UKWH00004B/1342

9 782013 545914